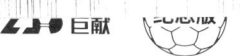

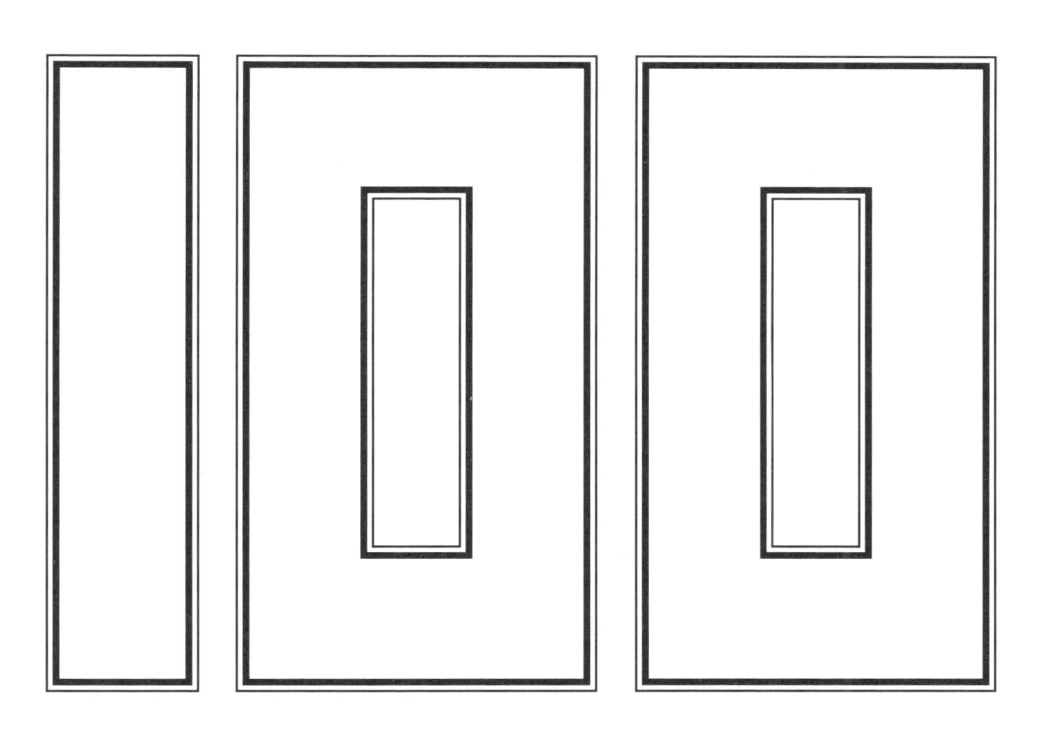

世界足坛百大巨星

王正坤 黄轶文 / 著

100

北京时代华文书局

图书在版编目（CIP）数据

世界足坛百大巨星 / 王正坤, 黄轶文著. -- 北京 : 北京时代华文书局, 2025.5（2025.10 重印）
ISBN 978-7-5699-6040-2

Ⅰ．K815.47

中国国家版本馆 CIP 数据核字第 2025YM4546 号

SHIJIE ZUTAN BAI DA JUXING

出 版 人：陈　涛
选题策划：董振伟　直笔体育
责任编辑：马彰羚
执行编辑：孙沛源
责任校对：陈冬梅
装帧设计：严　一　迟　稳
责任印制：刘　银

出版发行：北京时代华文书局 http://www.bjsdsj.com.cn
　　　　　北京市东城区安定门外大街 138 号皇城国际大厦 A 座 8 层
　　　　　邮编：100011　电话：010-64263661　64261528

印　　刷：北京盛通印刷股份有限公司
开　　本：710 mm×1000 mm　1/16　　　成品尺寸：170 mm×240 mm
印　　张：14　　　　　　　　　　　　　字　　数：200 千字
版　　次：2025 年 5 月第 1 版　　　　　印　　次：2025 年 10 月第 2 次印刷
定　　价：68.00 元

本书图片由视觉中国提供。
版权所有，侵权必究
本书如有印刷、装订等质量问题，本社负责调换，电话：010-64267955。

排名，是一件得罪人的事情

文/《体坛周报》总编辑、金球奖中国区唯一评委 骆明

当黄轶文告诉我，他和王正坤合著了《世界足坛百大巨星》一书，我不禁倒吸一口凉气。给"流量明星"排名，不管是不是在足球领域，都是一件得罪人的事情。

第一次知道这件事不好干，是2000年12月的"国际足联世纪最佳"之争。这显然是贝利与马拉多纳的角逐，评选的消息一出来，两派即闹得不可开交，于是时任国际足联主席布拉特宣布，选出两位世纪最佳球员，选票分为互联网评选和国际足联内部评选两部分。结果可想而知，年轻化的网民当然更青睐马拉多纳，而国际足联内部则青睐贝利。马拉多纳对这种"和稀泥"的做法深感不满，在罗马的颁奖大会上，他领完自己的奖便拂袖而去，还自称是"人民的选择"。当时布拉特说，得想办法在2004年国际足联成立100周年之际解决两人的排名之争，但他后来似乎忘了这件事——当然，他也不想自讨苦吃。

2004年，轮到欧足联"迎难而上"了，在成立50周年之际办了50佳球员评选活动。齐达内、贝肯鲍尔、克鲁伊夫的得票数分列前三位。讨论马上展开：齐达内是否比贝肯鲍尔和克鲁伊夫更伟大？其实，这种争论没有一丝一毫的必要性，因为齐达内在这次评选中根本没有与贝肯鲍尔、克鲁伊夫进行正面竞争！

"欧足联50年50佳"的评选方式是，把这50年分成5个时期，每个时期推举50名候选人，然后网友在每个时期里挑选10人投票，再计算总票数。齐达内的得票数排名第一，这只能说明他在1994—2003年这一时期的优势大于贝肯鲍尔和克鲁伊夫在1964—1973年的优势。这是与现实相吻合的，在齐达内的时代，欧洲无人与之比肩，而贝肯鲍尔和克鲁伊夫则从一出道就展开了残酷竞争。

又过了16年，难题出给了我。2020年，《法国足球》杂志以新冠疫情影响球赛为由取消了当年的"金球奖"评选，改为评选"足球梦之队"阵容，仍由金球奖评委投票产生，评委投票时，每个位置可选5人。

当时我从事足球报道已有四分之一个世纪，貌似不短，但在足球历史上只是一小段时间。这次"足球梦之队"评选并没有覆盖完整的足球史，基本是从20世纪50年代开始选人，但也覆盖了70年之久。我一直认为，不同时代的球星不好比较，而如果不是亲眼见证过不同时代的球星踢球，就更不好比较了。故而我在投票时诚惶诚恐，必须求助于其他参考标准。例如，20世纪末，诸多媒体和机构

都组织了"世纪最佳球员"的评选。做得最好的是国际足球历史和统计联合会的评选，其组织了全球的记者和退役球员进行投票，这些人都见证了数十年的足球发展，相对来说较有说服力。我在投票时便参照了这一排名。

对比了一下该协会评选的20世纪前10名球员与本书的前10名球员，在人选上，用21世纪的4位天王罗纳尔多、齐达内、梅西、克里斯蒂亚诺·罗纳尔多（简称"C罗"）替换了普拉蒂尼、范巴斯滕、尤西比奥、博比·查尔顿，这是相当合理的。而看完整个排行榜后，我觉得黄轶文和王正坤的排名还是相当公允的，对于热衷排"江湖座次"的足球迷来说，这是一本重要的参考书。

至于梅西和C罗的排名谁更高、贝利和马拉多纳的座次谁更靠前、贝利和梅西谁是第一名……对于这些话题，相信您在看完本书之后肯定意犹未尽，欢迎您在社交媒体上发起讨论。

足球与时代

文/王正坤

　　足球是当之无愧的世界第一运动，它以其在全世界无与伦比的影响力，让一个个球员的名字从默默无闻到家喻户晓，再到名垂青史。每一位出现在这本《世界足坛百大巨星》中的球员，都要感谢足球这项运动为他们带来的名望和影响力。但若我们换一个思路，如果没有这些球星用他们无与伦比的表现，让足球这项运动具象化为我们脑海里难忘的一个个瞬间，足球又是否会有现如今的影响力呢？

　　从19世纪到21世纪，足球这项运动已经诞生了将近200年的时间，100个球星的名字和100段球星的故事是这段漫长岁月中的精华片段，他们不仅代表着自己，也代表着一个个时代，还代表着这项运动。包括我和黄轶文在内，我们没有经历过贝利和马拉多纳的时代，没有在直播中看到过他们飞驰的身影，但这并不妨碍我们崇拜他们伟大的球技、向往他们传奇的故事，并将这些内容通过文字传递给更多喜爱足球的人。

　　这或许就是球星的力量，也正是这些球星的力量，通过一项运动、一段段故事，将全世界数以亿计的人联结起来。梅西和C罗在我们心中所泛起的涟漪，与马拉多纳和贝利给我们带来的感受注定是不同的，而时间的沉淀会改变这一切，如果几十年之后您的下一代还会翻开这本书，梅西和C罗在他们心中或许不再会与贝利和马拉多纳有多少分别，而他们的心中还会有新的属于未来时代的足坛偶像。我相信，在那个时候，还会有人拿起笔，再像我和黄轶文一样写这样一本书。

　　所以这本《世界足坛百大巨星》，在我和黄轶文商量之后，决定将范围设定为2000年以前出生的球员，对于哈兰德、亚马尔这些球员来说，未来还有太多的时间与机会，去让他们的足球人生再上一个台阶，所以不用给予评说。

　　最后还是要感谢一下骆明老师为我们的书作序，以及出版社编辑的付出，当然尤其重要的，还是黄轶文在这本书写作过程中的贡献——熟悉我的朋友应该了解我更擅长的还是整理分析那些当今时代所谓的小球队的内容。在足球历史这个大维度上，黄轶文有远超我的知识储备和独到见解，在写作的过程中也是让我受益良多，能与他再次合作完成这本《世界足坛百大巨星》对我来说也是件很幸运的事。

　　相信大家都有自己最心驰神往的时代，有着自己最心之所向的球星，那就去书中寻找吧！

一百个人身后是足球的一百种模样

文/黄轶文

　　足球世界，浩瀚无垠，纵横之参差，其张力皆非个人可丈量。不过，作为足球历史的狂热爱好者、粗浅的记录者，也许我始终拥有着某种表达的欲望。每个时代都会被特定的球星定义，跨越周期的对比自然会引发无穷的争议，然而数十年来，这却是舆论界乐此不疲的事情。对于我个人而言，心目中的刻度尺固然存在，但将其真正量化，还需等待合适的契机。不过，随着近两年的事态进展，我认为到了尝试出版《世界足坛百大巨星》的时间点了。

　　2022年卡塔尔世界杯落幕之后，梅西的故事迎来了童话般的终章，C罗也在岁月的侵蚀中与自己和解，旷日持久的纷争告一段落。同一段时间内，以2014年迪斯蒂法诺的逝世为起点，到2024年初贝肯鲍尔的告别为止，克鲁伊夫、马拉多纳与贝利先后离开了我们。现实世界中的风浪渐渐平息，平行宇宙中的万神殿开始变得富丽堂皇，足坛座次的顶层框架短期内不会有结构性的变化，没有比这更好的动笔时机了。

　　当然，即便十余年如一日地深耕足球的一切，我对于足球世界的了解及认知程度，显然还存在系统性的缺失，不过我的好朋友王正坤帮助我弥补了缺憾。过去的10多年间，他对于球队与球星的精研，其造诣难以用语言形容，通过他之前关于世界杯与欧洲杯的著作，相信各位读者朋友早已明晰。所以这次我们两人合作，挑选出足坛历史上的百大巨星，并结合个人的擅长领域，撰写相关的内容。尽管一千个人心中有一千个哈姆雷特，不过从实际的筛选进程来看，我们的合作非常愉快。

　　从本书的立意来看，排名固然重要，但我们更希望通过这一百名巨星，让读者朋友们能了解到不一样的足球世界。他们每个人都拥有一段传奇的职业生涯，呈现出足球世界的千姿百态，也许当你真正了解每个人的全貌之后，他们的排名似乎已经被置之脑后。理性的光辉充满能量，希望各位共勉。

　　最后，我要感谢一下王正坤老师的倾力付出，感谢出版社同人的协作配合，当然还有我特别敬重的骆明老师，他在百忙之中抽出时间，多次为我们作序。唯有笔耕不辍的努力，才能报答各位的厚爱。

目 录

第一章
最强殿堂　**001**

第二章
至尊荣耀　**023**

第三章
王者之路　**045**

第四章
巨星世界　**067**

第五章
梦幻星光　**109**

第六章
球星本色　**161**

附 录　**212**

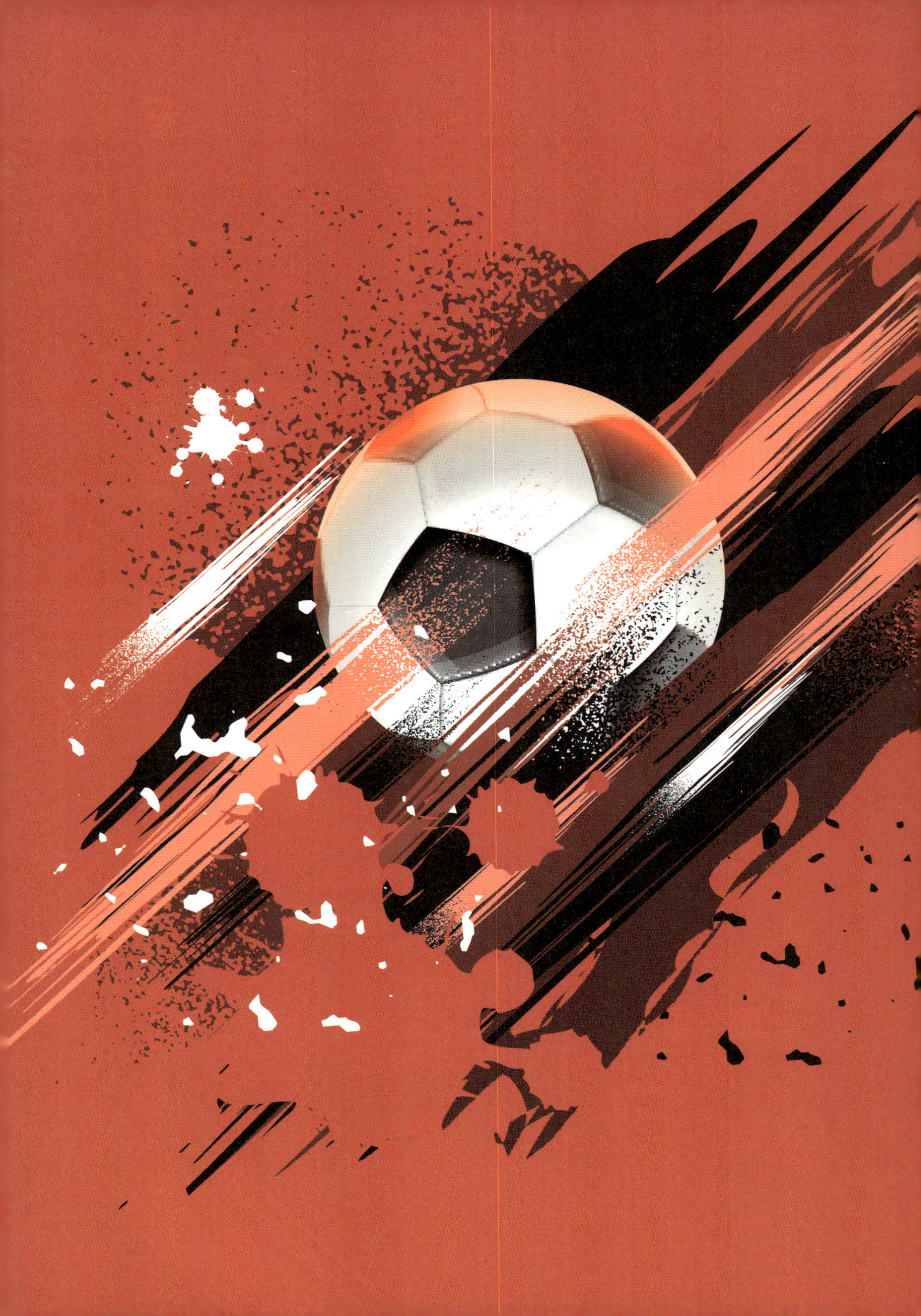

第一章

最强殿堂

Pelé
贝利

No.1

关键词

"球王" "足球的图腾"

出生日期： 1940年10月23日
逝世日期： 2022年12月29日
国籍： 巴西
位置： 前锋
效力俱乐部： 桑托斯、纽约宇宙
国家队数据： 92场77球

主要荣誉

3 次世界杯冠军
2 次南美解放者杯冠军

无论是身在何处、年方几何，只要你对足球这项运动有所耳闻，贝利的大名定是如雷贯耳。他就是"球王"的代名词，成为这项运动的图腾式人物，在他的光环庇佑下，巴西也成为万古长青的足球王国。贝利对于足球世界的意义，早已超越了这项运动本身，后来者强如马拉多纳、梅西，在球技与成就上也许可以与之媲美，但贝利就仿若永恒的灯塔，为后人照亮前路，他是独一无二的存在。

贝利仿佛为足球而生，浑然天成的曼妙球性搭配无与伦比的身体素质，让他可以胜任球场上的大多数位置。作为箭头人物，他的千球传说早已流芳百世，无数进球为后人津津乐道；作为掌控全局的统帅，他妙至毫巅的随性撩拨，一脚出球就能拨云见日。1970 年世界杯上的震撼演出，时至今日都在提醒后人："球王"是怎样用魔术般的脚法，改变了世界足球历史的进程。当我们向后辈讲起他的故事时，无须藻饰与赘言，"球王"既出，乾坤已定。

No.2

出生日期：1987年6月24日

国籍：阿根廷

位置：前锋

效力俱乐部：巴塞罗那、巴黎圣日耳曼、迈阿密国际

国家队数据：191场112球（截至2025年4月25日）

主要荣誉

8 次金球奖
1 次世界杯冠军
2 次美洲杯冠军
4 次欧冠冠军
10 次西甲冠军
2 次法甲冠军

　　2022年世界杯决赛，伴随着蒙铁尔罚入点球，全世界的阿根廷球队球迷都沸腾了，他们见证了球队历史上第三次捧起大力神杯，见证了新一代"球王"的登基。

　　梅西于1987年出生在一个足球氛围浓厚的家庭，4岁就开始跟着父亲进行训练，7岁就加入了纽维尔老男孩的青训营。在同龄人中，他的天赋是那么耀眼，但很快问题便找上门来，身材过于矮小的梅西在10岁那年被确诊为生长激素缺乏症。起初父亲说服球队为梅西承担治疗的费用，但长久的开销让球队都有些力不从心。为了梅西的足球梦想，父亲带着梅西前往巴塞罗那（简称"巴萨"）试训，一线队主管雷克萨奇被这个少年的天赋所折服，随即在一张餐巾纸上完成了与梅西的签约。伴随着这个带有传奇色彩的故事，梅西开启了他的巴萨生涯。2008—2009赛季，梅西帮助巴萨成为欧洲冠军联赛（前身为欧洲冠军俱乐部杯，统一简称"欧冠"）、西班牙足球甲级联赛（简称"西甲"）和国王杯的"三冠王"，自己也首次夺得金球奖。自此金球奖进入"梅西时代"，连续4年获奖的纪录时至今日无人能及。2011—2012赛季，梅西在西甲中出场37次、打进50球；在2012年自然年中打入91球，更是后人无法企及的纪录。然而无论梅西在巴萨取得多么大的成就，国家队方面的失利永远是他无法摆脱的话题。

　　2014年世界杯、2015年美洲杯、2016年美洲杯，连续三年输掉国际大赛决赛，这一度让梅西退出了阿根廷队。2021年美洲杯，梅西终于获得了他的第一个国家队大赛冠军，而这只是他称王的前奏。2022年世界杯，梅西终于圆梦，追上并超越了马拉多纳的脚步。虽然已经离开了欧洲足坛，但梅西依旧是那个梅西，2024年实现美洲杯连冠，梅西将曾经失去的都握在了自己手中。他传奇的职业生涯究竟还会取得什么成就，又会以什么方式结束，就让我们一同期待吧。

Lionel Messi
利昂内尔·梅西

关键词

"球王"
"连续四年获得金球奖"
"自然年91球"

关键词

"球王"
"国家英雄"
"城市图腾"

Diego Maradona
迭戈·马拉多纳

出生日期： 1960年10月30日
逝世日期： 2020年11月25日
国籍： 阿根廷
位置： 前锋
效力俱乐部： 阿根廷青年人、博卡青年、巴塞罗那、那不勒斯、塞维利亚、纽维尔老男孩
国家队数据： 91场34球

No.3

主要荣誉

1 次世界杯冠军
1 次世界杯亚军
1 次欧洲联盟杯冠军
2 次意甲冠军

　　对于绝大多数中国球迷来说，我们不曾亲历过贝利的时代，多是通过后世的概括性叙述，了解过"球王"的传说。然而马拉多纳的横空出世，于我们有着不同的意义，1986 年世界杯，他孤胆英雄般的神之演出，给刚刚接触新事物的中国球迷一种难以名状的震撼。也许世界范围内贝利的影响更加深远，但对于中国球迷来说，在过去的数十年间，马拉多纳就是"球王"的代名词。

　　与贝利常年身处众星捧月般的环境不同，桀骜不驯的马拉多纳，注定需要唯我独尊的球场领导权。他往往以叛逆者的姿态，率领一众草莽挑战足球世界的霸权，1986 年世界杯阿根廷队迎战英格兰队，奠定了他"国家英雄"的伟岸形象；两次率领意大利南部球队那不勒斯登顶意大利足球甲级联赛（简称"意甲"），让他成为那不勒斯这座城市永恒的图腾。这就是马拉多纳，他是一位真正的主宰者，亦是"球王"在世间的化身。

Johan Cruyff
约翰·克鲁伊夫

出生日期： 1947年4月25日
逝世日期： 2016年3月24日
国籍： 荷兰
位置： 前锋
效力俱乐部： 阿贾克斯、巴塞罗那、洛杉矶阿兹特克、华盛顿外交官、莱万特、费耶诺德
国家队数据： 48场33球

主要荣誉

3 次金球奖
1 次世界杯亚军
3 次欧冠冠军

No.4

　　伟大的失败者往往会被冠以"悲情英雄"的美名，足球世界亦是如此。如果你在世界杯决赛中功败垂成，还被一生之敌斩于马下，那是一种何等的悲壮。然而亲历这一切的克鲁伊夫，却跳脱出了历史叙述的桎梏——鲜有人将其视作所谓的败军之将，反而很多人尊称他为"球圣"，因其所做的一切，引领了足球这项运动大幅度向前发展。每当我们论及克鲁伊夫的传说，胜利与奖杯永远不是核心议题，一代宗师无须凡间的身外之物点缀。

　　作为球员个体，克鲁伊夫堪称欧洲历史上单体能力的翘楚，他风驰电掣般的速度、浑然天成的人球结合，以及超越时代的构建与思考能力，俨然从上帝视角阅读比赛，并亲自主宰一切。更为重要的是，他用21世纪的思维方式主导团队的运转，"全能足球"的理念在那个球员恪守"一亩三分地"的时代，并未在主流足坛延展开来。克鲁伊夫与他的荷兰队，在1974年世界杯上，向世人展现了一幅自驱轮转的画卷，尽管未能夺冠，却指明了未来足球的发展方向。时至今日，当我们念及那段燃情岁月，脑中闪过的还是"飞翔的荷兰人"那灵动飘逸的身姿，这是超越了胜负的撼世之美，也是克鲁伊夫永恒的标签。

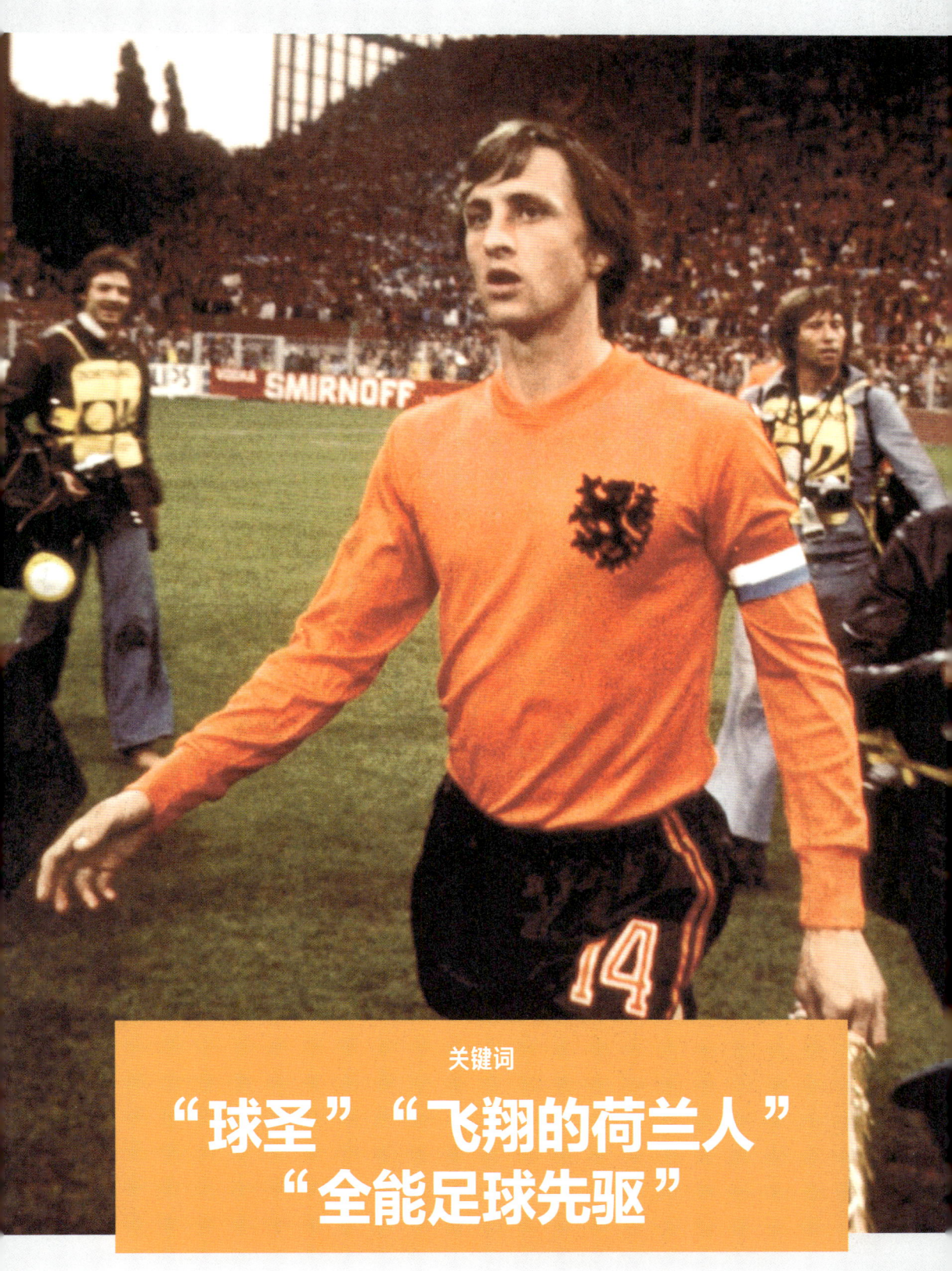

关键词

"球圣" "飞翔的荷兰人"
"全能足球先驱"

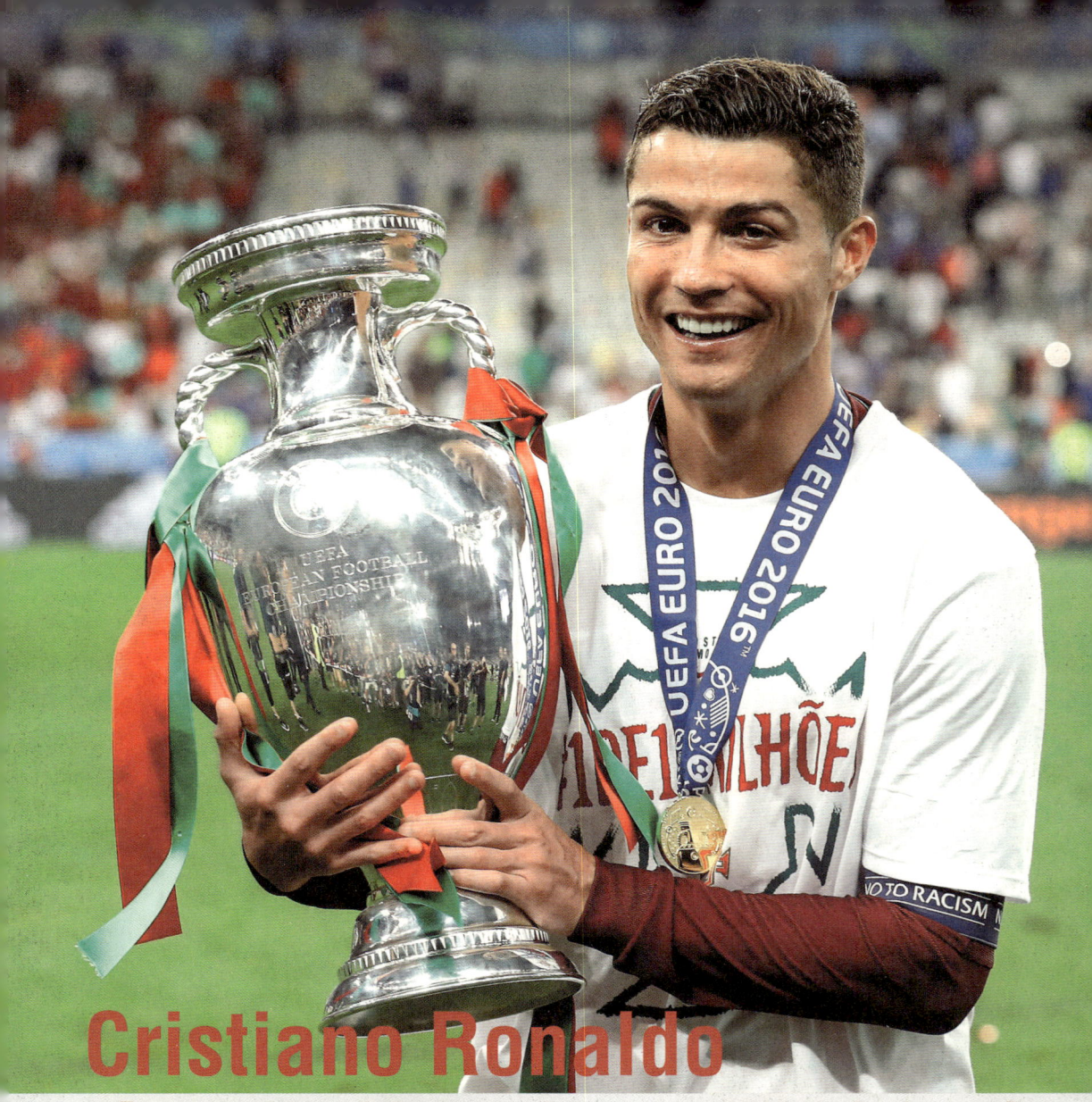

Cristiano Ronaldo
克里斯蒂亚诺·罗纳尔多

关键词

"欧冠之王"
"国家队历史进球纪录"

出生日期： 1985年2月5日

国籍： 葡萄牙

位置： 前锋

效力俱乐部： 葡萄牙体育、曼彻斯特联、皇家马德里、尤文图斯、利雅得胜利

国家队数据： 219场136球（截至2025年4月25日）

No.5

主要荣誉

5 次金球奖
1 次欧洲杯冠军
1 次欧国联冠军
5 次欧冠冠军
3 次英超冠军
2 次意甲冠军
2 次西甲冠军

C罗的足球故事起源于他的家乡葡萄牙的马德拉群岛。并不富裕的家庭让C罗少年时的足球之路走得颇为坎坷，对于足球超乎常人的热爱最终使他脱颖而出。2002年，17岁的C罗便踏上了职业赛场，但真正让他家喻户晓的，是2003年那场与曼彻斯特联（简称"曼联"）的热身赛以及加盟曼联的转会。18岁接过贝克汉姆的7号球衣，对于C罗来说既是动力也是压力——这意味着更多的曝光，也意味着更多的非议。从俱乐部到国家队，从2004年欧洲杯痛失冠军的流泪，到2006年世界杯看着鲁尼被罚下场的眨眼，C罗就在争议声中不断成长。2007—2008赛季是C罗真正爆发的一年，英格兰足球超级联赛（简称"英超"）冠军、欧冠冠军到手，单赛季49场比赛打进42球，个人首次获得金球奖。"梅罗时代"正式拉开序幕。随着2009年C罗转会皇家马德里（简称"皇马"），两人的对话变得更加直接。面对如日中天的巴萨，C罗所在的皇马并不占上风，但他个人的表现每年都在提升，单赛季西甲进球数从26球到40球，再到46球，西甲冠军也终于在2012年到来。从球星到巨星，从"小小罗"到C罗，他在皇马完成了向历史级球星的蜕变，带领球队在5年中4次夺得欧冠冠军。C罗在俱乐部的成就堪称登峰造极，而在葡萄牙队，他也创造了属于这支球队的历史。2016年欧洲杯，小组赛三战全平的葡萄牙队艰难出线，每场淘汰赛打得都好像马上要打道回府了，但就是这样一支球队最终站上了欧洲之巅。3年之后，C罗又和队友获得了第一届欧洲国家联赛（简称"欧国联"）冠军。直到今天，C罗依旧在不断刷新着由他保持的国家队进球纪录。

无论C罗去往哪里，无论他现在年龄多大，他依旧是世界足坛的焦点，仍在追求着自己的梦想。世界杯冠军、职业生涯1000球，属于C罗的故事仍然没有结束！

Franz Beckenbaue
弗朗茨·贝肯鲍尔

出生日期： 1945年9月11日
逝世日期： 2024年1月7日
国籍： 德国
位置： 中场、后卫
效力俱乐部： 拜仁慕尼黑、纽约宇宙、汉堡
国家队数据： 103场14球

关键词
"足球皇帝"
"恺撒大帝"

主要荣誉

2 次金球奖
1 次世界杯冠军
1 次欧洲杯冠军
3 次欧冠冠军
1 次欧洲优胜者杯冠军

No.6

如果说足球场上有真正的领袖与赢家，贝肯鲍尔定是屹立在山巅供后人仰望的对象。他的足球生涯二十载，但凡一名足球运动员可以触及的最高荣誉，都被他悉数收入囊中。他个人与克鲁伊夫共享了时代双骄的光环，团队领域却在和后者的较量中取得了完胜。从世界杯到欧洲杯，从欧冠到金球奖，都留下了这位足坛"恺撒大帝"的传说。从通俗意义上来看，贝肯鲍尔是足球历史上第一位完美无缺的大满贯球员。

贝肯鲍尔借着1974年问鼎世界杯的东风，被后世诠释为所谓的"自由人"，而这并非他的全貌。贝肯鲍尔生涯前期位置十分灵活，出道时期客串过右前卫，前期一度成为覆盖面极广的全能中场。在他年轻气盛之时，更多在进攻端建功立业，而锋芒收敛之后的归隐，又化身为指点江山的灵魂人物。坐镇枢纽的核心位置，他进可攻，退可守，一夫当关，万夫莫开，淋漓尽致地展现了"足球皇帝"的王者之气。

Alfredo Di Stéfano
阿尔弗雷多·迪斯蒂法诺

No.7

> **主要荣誉**
>
> 2 次金球奖
> 1 次美洲杯冠军
> 5 次欧冠冠军

出生日期： 1926年7月4日

逝世日期： 2014年7月7日

国籍： 阿根廷、西班牙

位置： 前锋、中场

效力俱乐部： 河床、飓风、百万富翁、皇家马德里、西班牙人

国家队数据： 6场6球（阿根廷队）、31场23球（西班牙队）

关键词

"金箭头" "皇马教父"
"欧冠王朝的开创者"

解构迪斯蒂法诺是一项复杂的工程，球场之上他的角色与时俱进，球场之外他的经历堪称传奇，不曾改变的一点是，几乎业内任何有一定影响力的机构和个人，都将他视为足球历史上最伟大的球员之一。从河床黄金时代的见证者，到皇马征服欧洲的领导者，很难定义迪斯蒂法诺在球场上的活动区域，也很难用攻击手或者多面手来定义他的功能，在同时代球星的眼中，他就是独一无二的、超越时代的巨擘。

　　当球队需要他摧城拔寨的时候，初到皇马的迪斯蒂法诺化身"金箭头"，多次斩获西甲金靴奖；在普斯卡什空降之后，迪斯蒂法诺则游弋于更深的位置，为同时代的另一位天才量体裁衣。当他肆意挥洒自己的才华，你甚至可以在球场的任何位置看到其身影，既可以是拿球之后洞悉全局的致命传球，也可能是为了争夺球权的锱铢必较。在他的统领之下，皇马连续 5 次拿下欧冠的冠军，开创了最初的"欧冠王朝"，他也成为"皇马教父"。尽管因为时局的变化，他未能跟随国家队获得更高成就，不过当他在 2014 年 7 月去世之时，世界杯半决赛现场的集体默哀，足以彰显他在这项运动中的无上地位。

Ronaldo
罗纳尔多

关键词

"钟摆式过人"
"世界杯历史进球纪录"

出生日期： 1976年9月18日

国籍： 巴西

位置： 前锋

效力俱乐部： 克鲁塞罗、PSV埃因霍温、巴塞罗那、国际米兰、皇家马德里、AC米兰、科林蒂安

国家队数据： 99场62球

主要荣誉

2 次金球奖
2 次世界杯冠军
2 次美洲杯冠军
1 次欧洲联盟杯冠军
1 次欧洲优胜者杯冠军
2 次西甲冠军

No.8

  2011 年 2 月 14 日，情人节，却是无数球迷心碎的日子。因为在这一天，35 岁的巴西传奇前锋罗纳尔多宣布退役。在那个时代他是无可争议的最强前锋，能力强到被球迷称为"外星人"，但那脆弱的膝盖却又是他永远无法摆脱的梦魇，总让人们感叹：如果没有那可恶的伤病，罗纳尔多是不是能有更长久、更辉煌的职业生涯？罗纳尔多在克鲁塞罗成名，1994 年，不满 18 岁的他就跟随巴西队获得了世界杯冠军。之后罗纳尔多登陆欧洲加盟 PSV 埃因霍温，那时的他拥有极快的速度，同时可以在高速冲刺中变向，这就是罗纳尔多标志性的"钟摆式过人"。1996—1997 赛季，罗纳尔多在西甲中出场 37 次打进 34 球、助攻 10 次，踢出了职业生涯中最耀眼的联赛数据，这也帮助他拿到了人生中的第一座金球奖奖杯。

  但伴随着 1997 年转会国际米兰，罗纳尔多便开始遭遇苦难，不仅始终无缘意甲冠军，伤病也开始向他袭来。在长年累月的比赛中，他的膝盖终于不再承受得住那种踢法带来的损害，从 1999 年 11 月到 2001 年 11 月，罗纳尔多因伤阔别意甲长达两年时间，治疗的过程中甚至很多时候是在以缩短他未来的职业生涯为代价。但最终这一切都是值得的，罗纳尔多赶上了 2002 年世界杯，7 场比赛打进 8 球，帮助巴西队捧起大力神杯，他自己也第二次夺得了金球奖。

  但伴随着他转会皇马，当初治疗的副作用也开始显现出来，逐渐发福的身躯让他的状态每况愈下，虽然 2006 年世界杯罗纳尔多还是创造了当时的世界杯历史进球纪录，但巴西队止步八强。最终伴随着 2008 年在 AC 米兰的那次重伤，罗纳尔多知道他的职业生涯快到结束的时候了。回到巴西，在科林蒂安度过了两年多时间后，罗纳尔多还是召开了那场发布会，让他在绿茵场上的故事成为旧日的回忆。

Zinedine Zidane
齐内丁·齐达内

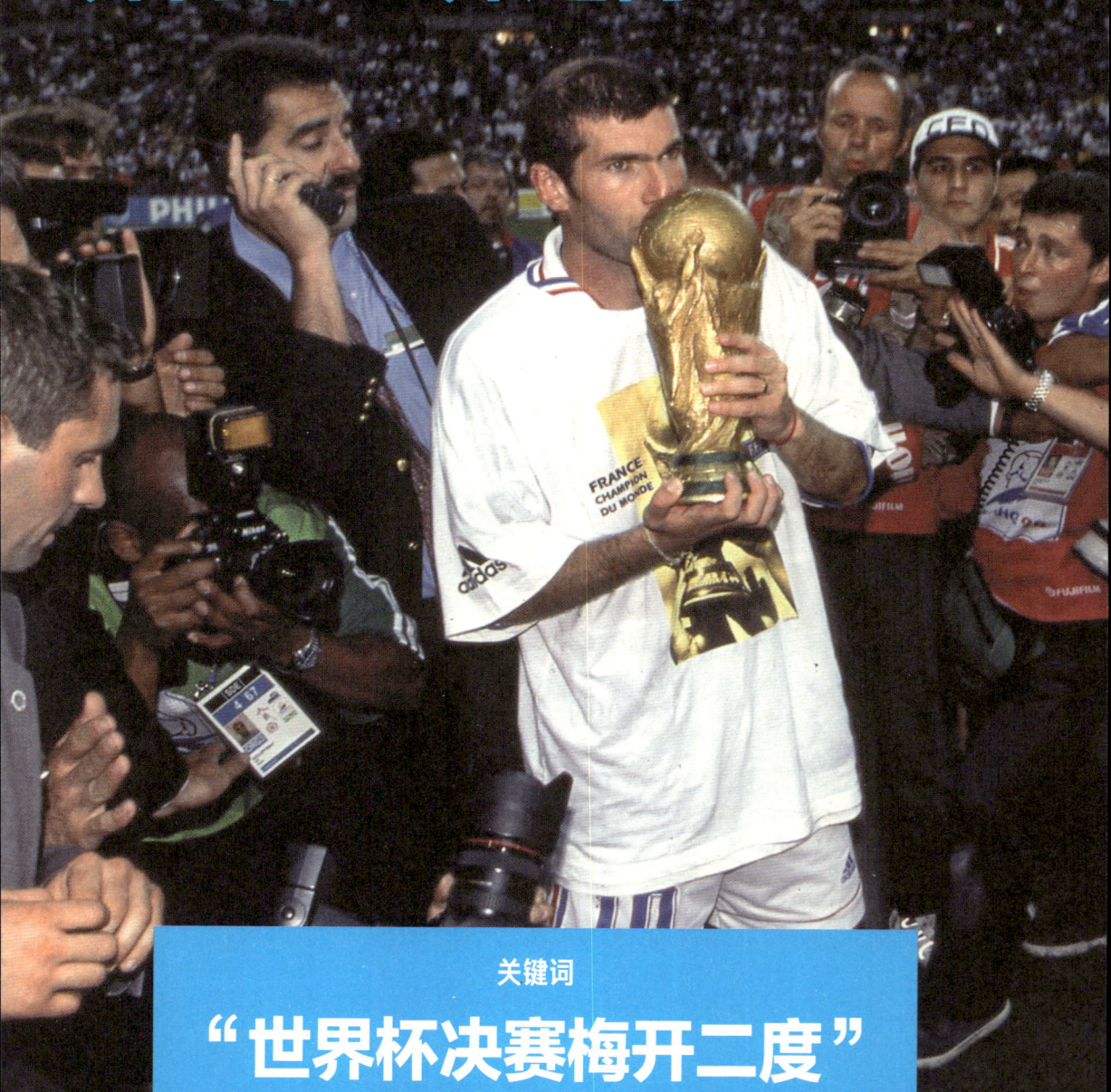

关键词

"世界杯决赛梅开二度"
"天外飞仙"

出生日期： 1972年6月23日

国籍： 法国

位置： 中场

效力俱乐部： 戛纳、波尔多、尤文图斯、皇家马德里

国家队数据： 108场31球

No.9

主要荣誉

1 次金球奖
1 次世界杯冠军
1 次欧洲杯冠军
1 次欧冠冠军
2 次意甲冠军
1 次西甲冠军

齐达内的职业生涯就如同一枚硬币，拥有天使与魔鬼的两面，大多数时间他是在球场上让人惊叹的"齐祖"，但当他转向魔鬼的那一面，就会让人不胜唏嘘。2006年世界杯决赛，作为他职业生涯的最后一战，似乎很有戏剧性却又很完美地在一场比赛里总结了齐达内的职业生涯。

作为一名前腰球员，齐达内在有着出色身体素质的同时，各项技术能力也都颇为顶尖，从组织进攻到自己得分，可以说是绝对的"六边形战士"。1996年从波尔多加盟尤文图斯，齐达内的职业生涯开始步入巅峰，1997—1998赛季，他帮助尤文图斯实现意甲两连冠。在家门口举办的欧洲杯，虽然他先展现的是魔鬼的那一面——因恶意犯规领到红牌停赛两场，但世界杯决赛的梅开二度让齐达内完成救赎，帮助法国队首次捧得大力神杯，他自己也获得了当年的金球奖。两年后的欧洲杯，齐达内先是在1/4决赛用一脚任意球打入自己的欧洲杯首球，又在半决赛加时赛完成"金球点杀"，最终法国队实现两年两冠，齐达内也当选为赛事最佳球员。

2001年，齐达内以7750万欧元的天价转会费加盟皇马，2001—2002赛季欧冠决赛，他的一脚凌空抽射"天外飞仙"，时至今日仍然被认为是他职业生涯的代表作。在职业生涯的最后几年，齐达内也依然在为皇马和法国队贡献着稳定的表现，而2006年世界杯的最后一舞，虽然充满遗憾，却也足够璀璨，一代足坛大师以一种永远不会被人们忘记的方式结束了他传奇的职业生涯。

Ferenc Puskás
费伦茨·普斯卡什

主要荣誉
1 次世界杯亚军
3 次欧冠冠军

No.10

出生日期：1927年4月1日

逝世日期：2006年11月17日

国籍：匈牙利、西班牙

位置：前锋

效力俱乐部：布达佩斯洪伟德、皇家马德里

国家队数据：85场84球（匈牙利队）、4场0球（西班牙队）

足球历史上有很多绕不开的球队，以及球队背后的灵魂人物，20世纪50年代的匈牙利队与普斯卡什，便是这样注定被载入史册，并被反复吟诵的传奇。那支伟大的匈牙利队，采用了先进的类"424"阵形，坐拥一众天才球星，在四五年的时间中，几乎未尝败绩。普斯卡什作为这支球队的绝对领袖，拥有令人惊叹的脚法和球商，他可以像南美巨星那般自如地持球摆脱、闪转腾挪，也可以像力量型"重炮手"那般，距离球门40米就送出令人瞠目结舌的远射。其射程接近半场，调整之后尤善以正脚背踢出令门将绝望的抽射，巅峰期内场均一球更是常规操作。

虽然因为普斯卡什的伤病以及联邦德国队的突然爆发，匈牙利队输掉了1954年世界杯决赛，但作为匈牙利人的英雄，普斯卡什的形象经过岁月的沉淀，越发伟岸而传神，这位"飞翔的少校"永远都是匈牙利足球历史上最伟大的传奇。后期由于大环境的巨变，普斯卡什被迫离开了祖国加盟皇马，却迎来了生涯的第二春。他与迪斯蒂法诺的搭档，产生了绝妙的"化学反应"，也稳固了皇马王朝的霸权，留下了永恒的传说。

关键词

"飞翔的少校"
"匈牙利黄金时代的灵魂人物"

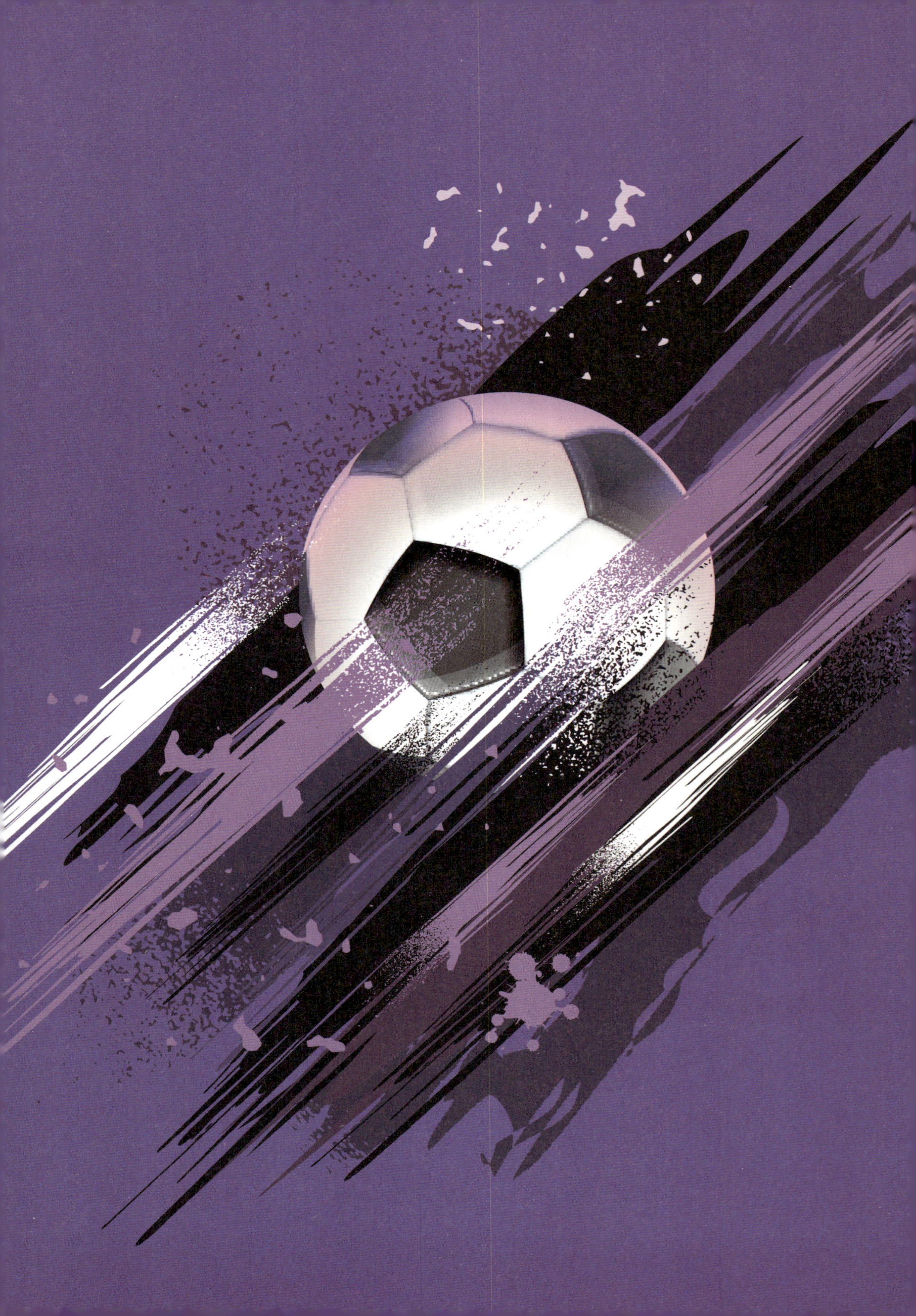

第二章

至尊荣耀

Michel Platini
米歇尔·普拉蒂尼

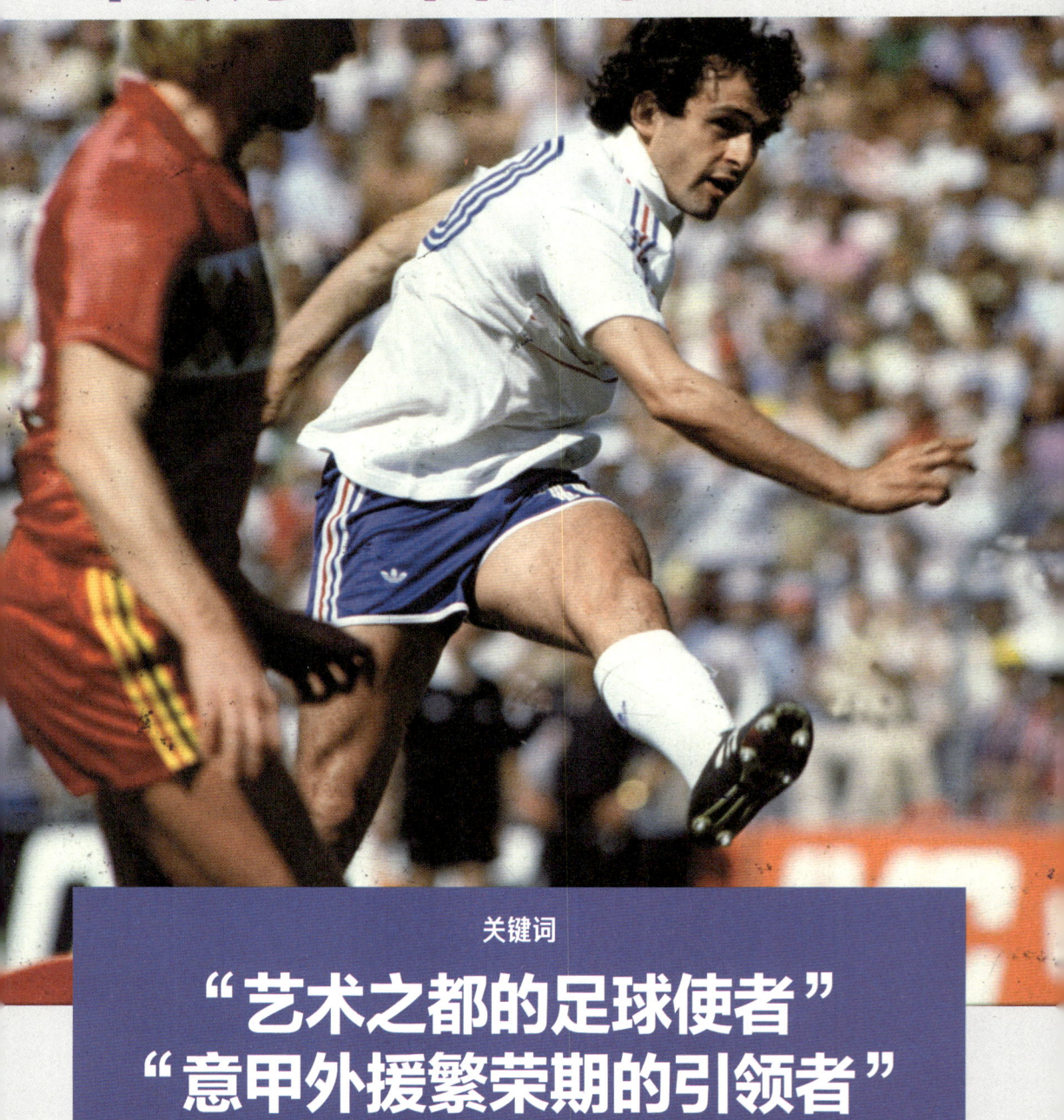

关键词

"艺术之都的足球使者"
"意甲外援繁荣期的引领者"

No.11

出生日期： 1955年6月21日
国籍： 法国
位置： 前锋、中场
效力俱乐部： 南锡、圣埃蒂安、尤文图斯
国家队数据： 72场41球

主要荣誉

3 次金球奖
1 次欧洲杯冠军
1 次欧冠冠军
1 次欧洲优胜者杯冠军

浪漫的法国人谱写了诸多艺术的华章，但略显机械与程式化的足球运动，似乎与他们的基因并不相容。事实上，在20世纪80年代之前，法国人对于足球并不如今天热衷，然而一个人的出现带动了全民的热情，他就是普拉蒂尼。1984年欧洲杯，他用5场9球、背靠背帽子戏法的表现，率领法国队首次夺得球队历史上真正的大赛冠军，仿佛拿破仑重生于法兰西，从此点燃了浪漫之都的足球之火，并且燃烧至今。

普拉蒂尼的辉煌时代，是一段独属于攻击型中场的黄金岁月：阿根廷队有马拉多纳，巴西队有济科，联邦德国队有鲁梅尼格，荷兰队有古利特，他们主控全局，却又时常埋伏在正印前锋身后，适时插上，奉献致命一击。普拉蒂尼与他们相比丝毫不落下风，甚至一度与马拉多纳双雄争锋，前者的攻击威慑范围超越半场，远程传出的威胁球堪称一绝，同时精通各类得分手段，鱼跃头球、门前包抄乃至弧线任意球信手拈来，无死角的"战神"就此诞生。普拉蒂尼不仅在国家队战功彪炳，还乘上了意甲外援开放的东风，在尤文图斯引领了亚平宁半岛的重新崛起，为后来"小世界杯"乃至"七姐妹"时代的腾飞奠定了基础。

Marco van Basten
马尔科·范巴斯滕

No.12

主要荣誉

3 次金球奖
1 次欧洲杯冠军
2 次欧冠冠军
1 次世界足球先生

出生日期：1964年10月31日
国籍：荷兰
位置：前锋
效力俱乐部：阿贾克斯、AC米兰
国家队数据：58场24球

足球历史上有诸多各怀绝技的超级中锋，天神下凡如罗纳尔多，进球颇多如盖德·穆勒，神鬼莫测如苏亚雷斯，他们代表了各式各样的风格特点。然而，如果问及谁是最完美的中锋模板，范巴斯滕几乎是标准答案。接近 1.90 米的身高、魁梧健硕的身材、不俗的速度以及强大的脚下处理球能力，再结合极致的柔韧性，很难想象作为一名中锋球员，他还有什么样的能力是不具备的。

事实上，范巴斯滕在 28 岁之前早已兑现天赋，他在 1988 年欧洲杯用偶像般的华丽表演，结束了荷兰队"无冕之王"的历史。在萨基统领的"米兰三剑客"时代，他是头号"杀神"，欧冠连冠，5 年内 3 次拿下金球奖，创造了无数名场面，未及而立就已经达到了后辈只能仰望的高度。然而盖世英雄也有"阿喀琉斯之踵"，他脆弱的脚踝，无力持续支撑庞大的身躯，他那些炫目又极限的扭、转、拧、拉，最终对身体造成了不可逆的伤害。1993 年 5 月的欧冠决赛，当他再一次被铲伤下场时，无意中却成了绿茵传奇的永别。"橙衣剑客"无力挽救受伤严重的脚踝，29 岁之后再未踏足赛场，这段往事也成为最遗憾的离别。

关键词

"最完美的中锋"
"最遗憾的伤离别"

Gerd Müller
盖德·穆勒

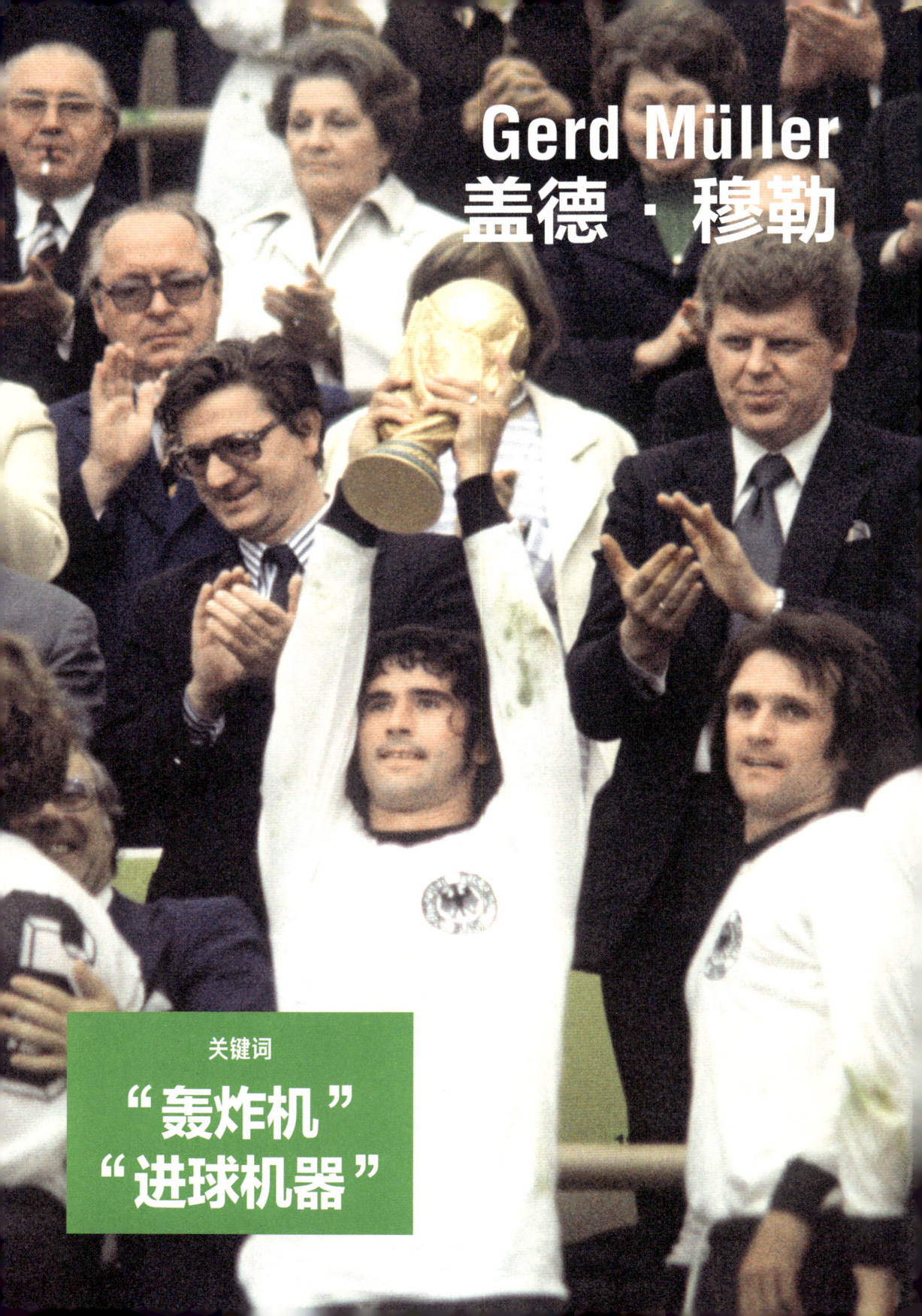

关键词

"轰炸机"
"进球机器"

No.13

主要荣誉

1 次金球奖
1 次世界杯冠军
1 次欧洲杯冠军
3 次欧冠冠军
1 次欧洲优胜者杯冠军

出生日期： 1945年11月3日

逝世日期： 2021年8月15日

国籍： 德国

位置： 前锋

效力俱乐部： 诺德林根、拜仁慕尼黑、劳德代尔堡前锋

国家队数据： 62场68球

在足球世界中，进球是前锋的天职，历史上进球如麻的顶尖射手不胜枚举，但在过去的几十年中，每次提及进球数量及重要性这两个概念，盖德·穆勒都是当仁不让的佼佼者。两届世界杯13场14球，一届欧洲杯2场4球，两届欧冠决赛贡献关键进球，在其巅峰的几年中，他在德国足球甲级联赛（简称"德甲"）中也保持了场均一球左右的进球效率。因为其令人难以置信的进球能力，后世冠以他"轰炸机"的名号，他一度成为"进球机器"的代名词。

然而与那些同样视进球如家常便饭的前锋相比，盖德·穆勒看上去"天赋平平"。矮壮的身材，平平无奇的技术能力，并不出众的速度，这些都很难与顶级射手联系起来。不过上帝还是为他打开了专属通道，其小腿肌肉结构异于常人，这让他的蹬地爆发力极其出众，即便与防守人同时看到一个空当，他也能在电光石火间更快做出反应，捕捉到稍纵即逝的战机，这也是他门前把握二次进攻能力极强的原因。另外，穆勒的身体协调性同样有些异于常人，他能够用很别扭的姿势，完成看似不可能的射门，并且收获进球。1970 年世界杯半决赛，联邦德国队与意大利队的那场世纪之战，淋漓尽致地展现了他的过人之处。

Sir Bobby Charlton
博比·查尔顿爵士

No.14

主要荣誉

1 次金球奖
1 次世界杯冠军
1 次欧冠冠军

出生日期：1937年10月11日

逝世日期：2023年10月21日

会籍：英格兰

位置：中场

效力俱乐部：曼彻斯特联、普雷斯顿、沃特福德、纽卡斯尔联KB、珀斯SC、布莱克顿城

代表队数据：106场49球

因为英格兰是现代足球的发源地，英格兰人对于足球的追捧溢于言表，然而他们自己的球队在世界杯上的发挥却始终不尽如人意。截至2025年，英格兰队在1966年本土世界杯上成功夺冠已经过去了接近60年。而在当时率领球队达成夙愿的，正是一前一后的两个"博比"，司职中场核心的这位"博比"，就是后世大名鼎鼎的查尔顿爵士。

博比·查尔顿出道于曼联青训，是著名"巴斯比宝贝"中的一员，这批天赋异禀的年轻人，本有希望在名帅马特·巴斯比的率领下登顶欧洲，却因为1958年的慕尼黑空难，一切归于灰烬。在球队重建的过程中，查尔顿作为中场的绝对核心，起到了中流砥柱的作用，他拥有超越多数英格兰球员的脚下能力，而且双足水准几乎没有差异，传、射、带的能力都居于时代前列，辅以丹尼斯·劳和乔治·贝斯特两位新人，曼联在1968年首次拿下了欧冠冠军。也正是在他的巅峰时期内，查尔顿用一届世界杯中的完美发挥，奠定了他在英格兰球迷心目中至高无上的地位。与此同时，他也收获了1966年的金球奖，实现了个人与团队荣誉的登峰造极。

关键词

"查尔顿爵士"
"巴斯比宝贝"

Garrincha
加林查

No.15

主要荣誉
2 次世界杯冠军

出生日期：1933年10月28日
逝世日期：1983年1月20日
国籍：巴西
位置：前锋
效力俱乐部：塞拉诺、博塔弗戈、科林蒂安、巴兰基亚青年、弗拉门戈、奥拉里亚
国家队数据：50场12球

　　贝利时代的巴西队，可谓天才云集、群星闪耀，不过时至今日，提及率最高的名字，除了贝利，仍然是在边路无往不利的"小鸟"加林查。单论纵向突破，放眼整个足球历史，鲜有人可以在自己的时代做到如此有威慑力。加林查所处的年代，整体的防守阵形还比较松散，一对一的盯人战术无法奏效，即便清道夫伺机填上空间，也很难阻挡他的冲击。即便受限于时代，他的综合技术并不丰富，但仅凭这一致命杀招，就足以作为贝利最得力的左膀右臂，拿下两届世界杯的冠军。

　　特别是1962年世界杯，贝利在小组赛第二场便因伤退赛，此后加林查一改往日"僚机"的身份，成为主导大局的核心人物。在同英格兰队的八强战中，他奉献了关键的梅开二度，率队挺进四强。最终巴西队如愿登顶，他打入4球，并列为最佳射手，完全可以说，在贝利的光环之下，加林查也有一届属于自己的世界杯。虽然这些往事已经过去了半个多世纪，但每当人们追忆贝利时代的荣光时，"亲密战友"加林查的名字永远排在前列。

关键词

"小鸟"
"贝利的亲密战友"

关键词

"白贝利"
"艺术足球之巅"

出生日期： 1953 年 3 月 3 日
国籍： 巴西
位置： 中场
效力俱乐部： 弗拉门戈、乌迪内斯、鹿岛鹿角
国家队数据： 71 场 48 球

Zico 济科

No.16

主要荣誉
1 次南美解放者杯冠军
1 次洲际杯冠军

在贝利告别足坛之后，巴西人期盼着下一位真神的降世，好在他们并没有等待太久，20 世纪 70 年代末，"白贝利"济科横空出世。他是那个年代最有代表性的攻击型中场，出众的脚下技术、独具慧眼的大局观，以及随时支援锋线的机动性，构成了时代先驱的特质。在 20 世纪 80 年代初，他所率领的弗拉门戈达到巅峰，其整体的传切丝滑程度，在瓜迪奥拉的巴萨时代之前，可谓无人出其右。1981 年顺利拿下南美解放者杯冠军之后，弗拉门戈顺势在年末的洲际杯上，以场面碾压的方式，击溃了当时的欧洲霸主利物浦。经此一战，济科与他的球队登上神坛，只有世界杯等待着他去征服。

1982年世界杯的巴西队，至今仍被视为艺术足球的集大成者，济科、苏格拉底、法尔考和塞雷佐组成魔幻中场组合，其行云流水般的传跑与换位，看得人如痴如醉。即便用今天的眼光来看，抛开节奏上的差异，此等圭臬般的比赛仍令人惊叹不已。只可惜时也命也，他们遇到了突然爆发的"偷猎者"保罗·罗西，一个不经意间的帽子戏法，将巴西队淘汰出局，这不仅是济科以及那代人的悲哀，更是足球世界的巨大遗憾。终其一生，济科距离真正接过"球王"的衣钵，只差那一座近在咫尺的大力神杯。

Eusébio
尤西比奥

关键词

"黑豹"
"葡萄牙足球的象征"

出生日期： 1942 年 1 月 25 日

逝世日期： 2014 年 1 月 5 日

国籍： 葡萄牙

位置： 前锋

效力俱乐部： 洛伦索·马贵斯竞技、本菲卡、波士顿民兵、蒙特雷、多伦多克罗地亚、贝拉马尔、拉斯维加斯水银、托马尔联、新泽西美洲人

国家队数据： 64 场 41 球

主要荣誉

1 次金球奖
1 次世界杯季军
1 次欧冠冠军
11 次葡超联赛冠军

No.17

在当今的足球世界，由于 C 罗的声名远播，葡萄牙足球的影响力与日俱增，然而追溯到 20 世纪，葡萄牙足球并没有当下这般显赫的地位。二三线的足球国家，如果涌现出能力出众的一批人，往往会被冠以"黄金一代"之名。诸如 20 世纪 40 年代葡萄牙体育的"五把小提琴"、60 年代本菲卡的王者之师，以及 90 年代前后世青赛的两批青年才俊，都是葡萄牙足球在世界舞台上留下的印记。不过，如果要选出 20 世纪葡萄牙足球的第一偶像，尤西比奥称得上实至名归。

尤西比奥被称为"黑豹"，他拥有顶级的身体素质和出众的运动能力，尽管司职四前锋阵形中的内锋，但他威慑范围之广是极其惊人的。当尤西比奥在对方半场的任何位置拿球，防守球员便会无所适从，因为他既可以就地轰出 40 米开外的"重炮"，也可以旋即启动持球高速杀入腹地，单兵的撕裂能力令人咋舌。19 岁在洲际杯上得到"球王"贝利的赏识，20 岁率领本菲卡在欧冠决赛中击败皇马，此等少年英雄风光何其无限。当然还有光芒万丈的 1966 年世界杯，他单届打入 9 球拿下金靴奖，并最终率领葡萄牙队拿下季军。八强赛中葡萄牙队与朝鲜队的比赛，他上演震古烁今的"大四喜"，帮助球队在 0 比 3 落后的情况下逆转晋级，缔造了世界杯近百年历史上最伟大的单场进球神话。

Lothar Matthäus
洛塔尔·马特乌斯

No.18

出生日期：1961 年 3 月 21 日
国籍：德国
位置：中场、后卫
效力俱乐部：黑措根奥拉赫、门兴格拉德巴赫、拜仁慕尼黑、国际米兰、地铁之星（现纽约红牛）
国家队数据：150 场 23 球

主要荣誉

1 次金球奖
1 次世界杯冠军
2 次世界杯亚军
1 次欧洲杯冠军
2 次欧洲联盟杯冠军
1 次世界足球先生

在 21 世纪之前，受限于运动科学的发展，球员的职业寿命相对较短，多数顶级球星到了 30 岁，几乎就告别了黄金期，甚至着手考虑退出足坛。不过马特乌斯是个另类，从 1980 年崭露头角到 2000 年悲情谢幕，20 年间他都保持了极高的竞技水准，甚至连续参加五届世界杯，1990 年还以头号核心身份，率队击败马拉多纳的阿根廷队夺冠。在当时的足球环境中，这样的"常青树"实属罕见，即便放在 2025 年的今天来看，也是老而弥坚的典型。

早年的马特乌斯运动能力极其出色，看似司职中场，实则无处不在，他持球时如旋风般地推进，宛若涡轮增压给予的动力支持，只要出现可以利用的空间，他就能让对手的防线不寒而栗。生涯中后期的大伤削弱了他的爆发力，随后他便退居防线，扮演起老式盯人体系中清道夫的角色，凭借多年积累的经验，他像贝肯鲍尔和萨默尔一样，将球队的攻防转换打理得井井有条。直到 39 岁退役时，他仍然保持着较高的竞技水平，此般旺盛的精力，无愧"日耳曼斗士"之名。

关键词

"常青树"
"永动机"

Paolo Maldini
保罗·马尔蒂尼

主要荣誉

1 次世界杯亚军
1 次欧洲杯亚军
5 次欧冠冠军

No.19

出生日期：1968 年 6 月 26 日
国籍：意大利
位置：后卫
效力俱乐部：AC 米兰
国家队数据：126 场 7 球

关键词
"一生一队"
"红黑传奇"

　　马尔蒂尼这个姓氏，似乎早已与足球融为一体，被诸多传奇人物点缀得熠熠生辉。当然，这个家族的代表人物自然是保罗·马尔蒂尼，足球历史上最知名、最出众的防守球员——也许都不需要添加"之一"。在长达 20 多年的时间中，马尔蒂尼成为"一生一队"的代名词，他的 AC 米兰岁月陪伴了几代球迷的成长，铁打的"马队"流水的"红黑"，这是足球世界最动人的情话。

　　马尔蒂尼是天生的防线领袖，他相对出众的身体素质，结合意大利防守球员的灵活特质，又在教练的安排下练出了"无差别逆足"，无论是生涯前期出任左后卫，还是后期在中卫位置上发挥余热，他都是那个顶天立地的队长。"红黑"生涯 24 载，他伴随几代巨星收获了无数荣耀；"蓝衣"岁月绵延 14 年，尽管多次与大赛冠军擦肩而过，然而马尔蒂尼的发挥却无可指摘，他永远是教练委以重任的"铁人"，是那个独一无二的保罗·马尔蒂尼。

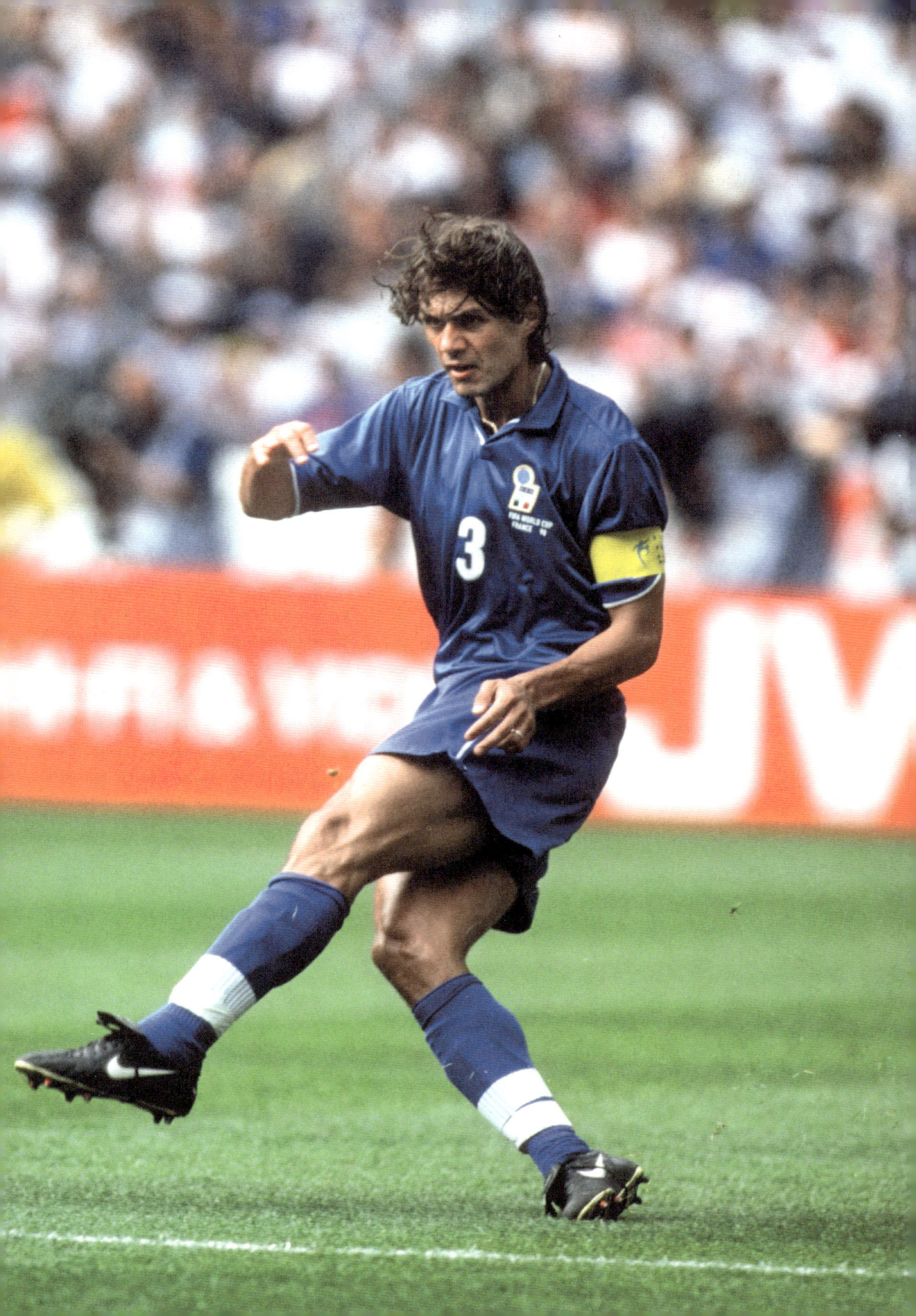

关键词

"八爪鱼"
"唯一金球门将"

出生日期： 1929 年 10 月 22 日
逝世日期： 1990 年 3 月 20 日
国籍： 苏联
位置： 门将
效力俱乐部： 莫斯科迪纳摩
国家队数据： 74 场 0 球

Lev Yashin
列夫·雅辛

No.20

主要荣誉

1 次金球奖
1 次欧洲杯冠军
1 次欧洲杯亚军
5 次苏联顶级联赛冠军

在众多主流机构的评选中，雅辛都是毫无疑问的历史最佳门将，尽管后辈中涌现了诸如佐夫、布冯、卡西利亚斯、诺伊尔等巨星，但是鲜有人可以撼动雅辛的王者之位。由于他活跃的年代距今相对久远，多数球迷对雅辛并不了解，但当我们拂去历史的尘埃，这位传奇门将熠熠生辉的那一面，便浮现在大众的眼前。

雅辛拥有成为一名伟大门将必备的身体条件，他的身高接近 1.90 米，在那个年代属于"巨人"级别，他的门线基本功也相当扎实，无处不在的快速反应能力，也为他赢得了"八爪鱼"的称号。而在那个门将仅仅需要"守门"的年代，雅辛已经开始指挥防线落位，甚至成为进攻的发起点，尽管看起来仍然比较粗糙，但他开创性的贡献，后世永远不会忘记。1963 年，34 岁的雅辛拿到了金球奖，也成为迄今为止唯一登顶个人荣誉之巅的门将。无论过去多少年，"门神"雅辛的传说，都会被一代代传颂下去。

第三章

王者之路

Stanley Matthews
斯坦利·马休斯

主要荣誉

1 次金球奖
1 次英格兰足总杯冠军

No.21

出生日期：1915 年 2 月 1 日
逝世日期：2000 年 2 月 23 日
会籍：英格兰
位置：前锋
效力俱乐部：斯托克城、布莱克浦、多伦多城
代表队数据：54 场 11 球

第二次世界大战之后，足球运动踏上了发展的快车道，在成为世界第一运动的历程中，巨星与偶像起到的标杆作用功不可没。斯坦利·马休斯，正是二战后的初代足球图腾，尽管二战结束时他已经迈入而立之年，最好的年华随着硝烟远去，但随后的逆势上扬令世人惊叹。作为最正统的英式边锋，马休斯代表了这项运动的原始之美，"踏雪无痕"般的持球冲刺，一对一戏耍防守人于股掌之间，迎合了多数人爱上这项运动的初心。在整个 20 世纪 50 年代，他的声望如日中天，许多同时代的巨星都以与他同场竞技为荣。

1953 年，已经 38 岁的马休斯奉献了他职业生涯的代表作，率队在英格兰足总杯决赛中实现惊天逆转，他单人的发挥惊为天人，也让这场比赛被后世称为"马休斯决赛"。1956 年，41 岁的他更进一步，击败了新科欧冠冠军的核心迪斯蒂法诺，斩获了《法国足球》杂志颁发的第一届金球奖，这一最年长的获奖纪录一直保持至今。从后世的评价来看，与贝利一样，马休斯对于足球运动的意义早已超越了运动本身，他促成了一种社会层面的狂热与激情，让饱受苦难的人们通过运动重新触摸到生活的希望，这也是足球的核心意义所在。

关键词

"初代足球偶像"
"第一位金球奖得主"

Karl-Heinz Rummenigge
卡尔-海因茨·鲁梅尼格

No.22

主要荣誉

2 次金球奖
2 次世界杯亚军
1 次欧洲杯冠军
2 次欧冠冠军
2 次德甲冠军

出生日期： 1955 年 9 月 25 日
国籍： 德国
位置： 前锋、中场
效力俱乐部： 拜仁慕尼黑、国际米兰、塞尔维特
国家队数据： 95 场 45 球

一直以来，德国足球都以铁血的形象示人，也被认为是力量型踢法的代表。锋线球员往往硬朗而生猛，中场虽然不乏内策尔与格策这样的技术天才，但更有代表性的还是马特乌斯与巴拉克这样的类型。其中活跃于特定时代的鲁梅尼格，算得上是相对另类的角色，在所谓"攻击型中场"主宰足坛的岁月，他与马拉多纳、普拉蒂尼、济科乃至古利特等人一起，开创了一段黄金岁月。

从本质上来看，鲁梅尼格就是介于中场与锋线之间的球员，生涯早期曾在边路试水，但随着地位的提升，中路腹地才是他表演的舞台。他的脚下技术足以支撑其连续摆脱防守球员，随即获得起脚空间；也可以观察周围伺机而动的队友，送出关键的传球。如果给他搭配一名传统的中锋，让他扮演游弋型的攻击手也是毫无压力。在舒斯特尔长期远离国家队的情况下，鲁梅尼格还需要深度回撤参与组织，尽管远离球门削弱了他的威胁，但也体现出那个时代此类核心球员的独特性。纵观其整个职业生涯，除了世界杯冠军，鲁梅尼格收获了一切。他还在 1980 年与 1981 年连续斩获金球奖，是德国足球历史上唯一蝉联金球奖的球员，也是迄今为止最后一位获得金球奖的拜仁慕尼黑球员。

关键词

"日耳曼的技术型攻击手"
"德国唯一蝉联金球奖的球员"

关键词

"Tiki-taka"
"哈白布组合"

主要荣誉

1 次世界杯冠军
2 次欧洲杯冠军
4 次欧冠冠军
8 次西甲冠军

出生日期： 1980 年 1 月 25 日
国籍： 西班牙
位置： 中场
效力俱乐部： 巴塞罗那、萨德
国家队数据： 133 场 12 球

No.23

Xavi Hernández
哈维·埃尔南德斯

　　如果谈到"中场大师"这个称谓，哈维应该是很多人第一时间在脑海中想到的名字。在他职业生涯的巅峰期，他以超凡的视野和大局观，配合上细腻的脚法和传球，成为巴萨和西班牙队两支"梦之队"的中场核心。虽然哈维在个人荣誉上没能站在顶峰，只是曾连续三年获得金球奖第三名，但以能力来说，他绝对是足坛历史上最优秀的中场球员之一。没有他在中场作为支撑，那家喻户晓的"Tiki-taka"战术便无从谈起。

　　哈维 11 岁就加入了拉玛西亚青训营，18 岁在巴萨一线队完成首秀。作为队友，哈维当时在瓜迪奥拉的身旁受益良多。而在瓜迪奥拉成为巴萨主帅之后，他也毫不犹豫地赋予了哈维在中场的核心地位，"哈白布组合"成为一个时代足坛最强中场的代名词，他们用出色的球权掌控和节奏控制能力，让控球踢法一时间风靡全球，成为绝大多数球队追求和使用的战术。直到多年之后哈维老去、退役、走上教练席，人们才意识到，真正恐怖的不是控球踢法，而是哈维这名球员本人。

关键词

"世界杯决赛中完成绝杀"
"效力巴萨22年"

Andrés Iniesta
安德雷斯·伊涅斯塔

出生日期： 1984 年 5 月 11 日

国籍： 西班牙

位置： 中场

效力俱乐部： 巴塞罗那、神户胜利船、酋长

国家队数据： 131 场 14 球

主要荣誉

1 次世界杯冠军

2 次欧洲杯冠军

4 次欧冠冠军

9 次西甲冠军

No.24

在伊涅斯塔自己看来，他的生涯仿佛一段童话故事，从初出茅庐到踏上巅峰，再到逐渐老去，无论去定格伊涅斯塔职业生涯的哪个瞬间，似乎都是那么美好且淡然。无论是在巴萨还是在西班牙队，他似乎都不曾被当作核心与焦点，但那一座又一座奖杯，离开了伊涅斯塔，又有哪座是一定能拿到的呢？

1996 年，12 岁的伊涅斯塔就加入了拉玛西亚青训营，6 年之后他就完成了巴萨的一线队首秀。"梦二队"时代，伊涅斯塔还只是成长中的球队轮换球员，而到了"梦三队"时代，他已经成为瓜迪奥拉麾下的中场大师。效力巴萨 22 年，无论身前是小罗（罗纳尔迪尼奥）还是梅西，抑或是埃托奥或苏亚雷斯，伊涅斯塔总是能为他们送上最舒服的传球。而在西班牙队，他更是三连冠时期最不可或缺的球员之一，2010 年世界杯决赛中完成绝杀，帮助西班牙队首次捧得大力神杯，那个瞬间是伊涅斯塔职业生涯中最重要的时刻，也是西班牙队历史上最无法被忘却的时刻。

关键词

"六边形战士"
"荷兰三剑客的轴心"

Ruud Gullit
路德·古利特

出生日期：1962 年 9 月 1 日
国籍：荷兰
位置：前锋、中场
效力俱乐部：哈勒姆、费耶诺德、PSV 埃因霍温、AC 米兰、桑普多利亚、切尔西
国家队数据：66 场 17 球

主要荣誉

1 次金球奖
1 次欧洲杯冠军
2 次欧冠冠军

No.25

　　如果要评选足球历史上知名度最高的"三叉戟"，在很长的历史时期内，"荷兰三剑客"无疑都是最热门的人选。不过由于位置踢法和曝光度的差异，后世更喜欢将目光聚焦于"英年早退"的范巴斯滕身上，然而不容忽视的是，当"三剑客"都处于巅峰之时，古利特才是掌控球队的人。由于其无死角的身体条件和技术能力，古利特时常被冠以"六边形战士"的称号。

　　古利特最为直观的特点就是冲击力极强，既可以持球高速长距离推进，也可以在无球状态下直插腹地。同时，他的脚下水准完全不像一位身高达到 1.90 米且威猛健硕的混血大汉，身为猛虎却时常以细节示人，这等旷世奇才着实属于天外来客。他与范巴斯滕、里杰卡尔德一起，共同创造了俱乐部与国家队的辉煌，其本人还早于范巴斯滕拿下金球奖，只可惜脆弱的膝盖制约了他更进一步，1990 年之后，那个无所不能的"战神"逐步淡出了主流的视野，着实令人叹息。

Giuseppe Meazza
朱塞佩·梅阿查

主要荣誉

2 次世界杯冠军
3 次意甲冠军

No.26

出生日期：1910 年 8 月 23 日
逝世日期：1979 年 8 月 21 日
国籍：意大利
位置：前锋
效力俱乐部：国际米兰、AC 米兰、尤文图斯、瓦雷泽、亚特兰大
国家队数据：53 场 33 球

从现代足球运动普及开始，意大利人一直居于舞台的中央，意大利队曾先后 4 次拿下世界杯冠军，也诞生过无数令人拍案叫绝的巨星。不过时至今日，整个意大利足坛最接近"球王"的人物，还是其图腾朱塞佩·梅阿查，他活跃的年代没有比赛的影像，然而口口相传的力量，足以穿透岁月的阻隔，让我们在 2025 年的今天，都能感受到一种莫名的力量。他的威名响彻世界，代表了亚平宁半岛的至高荣耀。

虽然意大利足球被贴上了"防守至上"的标签，但是作为南欧拉丁派的代表，他们从不缺乏技术天才。从瓦伦迪诺·马佐拉到詹尼·里维拉，再到后世的罗伯托·巴乔与弗朗切斯科·托蒂，都是才华横溢的艺术家，而梅阿查堪称门派的宗师，百年之后仍屹立不倒。他最为人称道的便是技术能力与终结水准，盘带过人戏耍后卫与门将是日常操作，进球效率也处在整个意甲历史的前列。作为国际米兰球迷心目中永恒的"国王"，他将最好的年华都献给了这里，去世之后也得以凭球场之名流芳百世。在国家队层面，梅阿查同样功高盖世，两次与意大利队一同问鼎世界杯，特别是 1938 年世界杯，在前一届冠军班底因时局四散天涯之时，他与皮奥拉扛起重任，带领意大利队夺冠，使其成为世界杯历史上首支卫冕成功的球队，也奠定了亚平宁半岛在足球世界的地位。

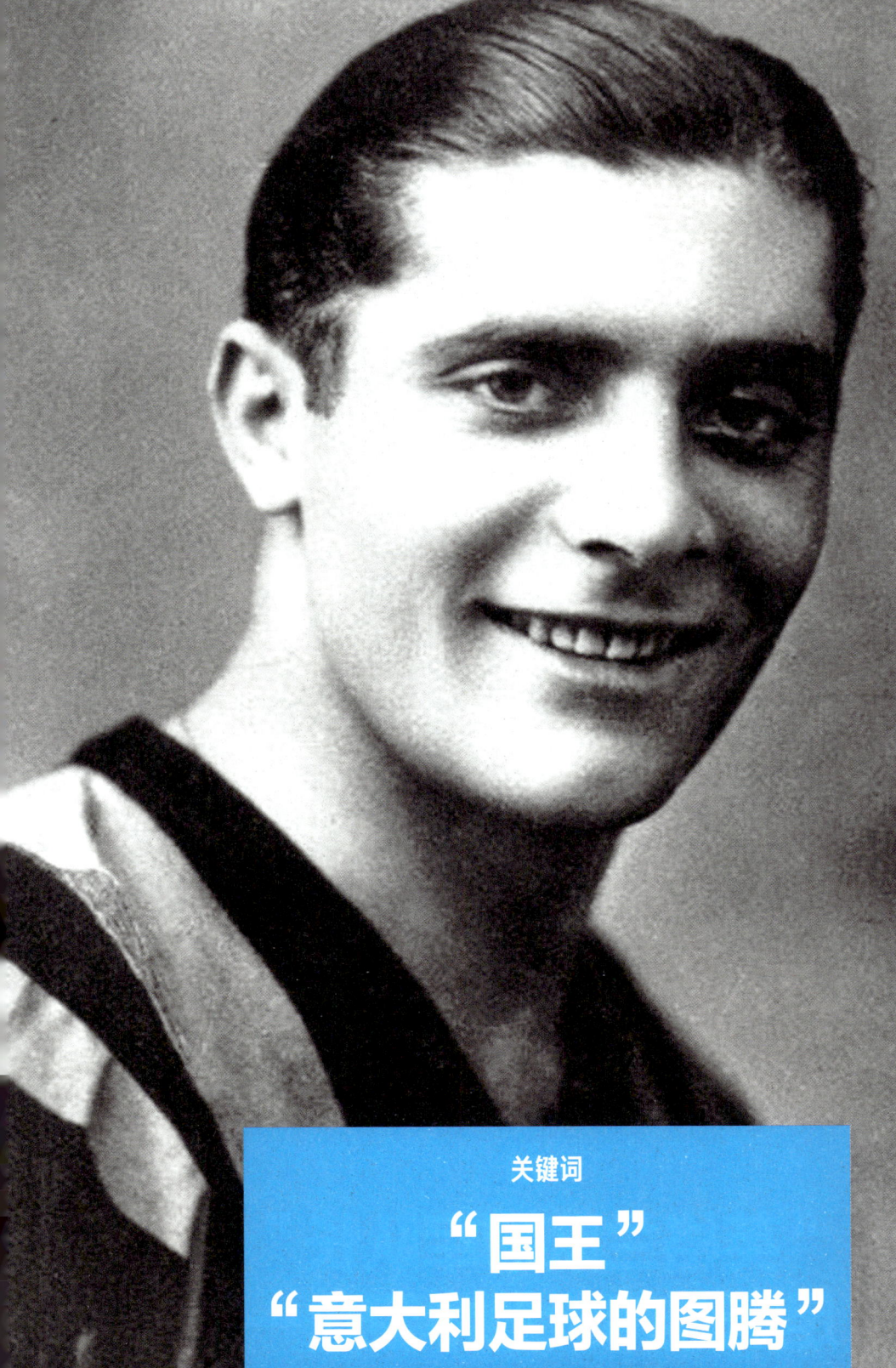

关键词

"国王"
"意大利足球的图腾"

Bobby Moore
博比·穆尔

关键词

"英格兰队冠军队长"
"足坛最伟大的中卫之一"

出生日期： 1941 年 4 月 12 日

逝世日期： 1993 年 2 月 24 日

会籍： 英格兰

位置： 后卫

效力俱乐部： 西汉姆联、富勒姆、圣安东尼奥雷霆、西雅图海湾人、海宁弗雷蒙、东方体育会、卡罗来纳搅拌机

代表队数据： 108 场 2 球

主要荣誉

1 次世界杯冠军
1 次欧洲优胜者杯冠军

No.27

　　足坛历来有很多实力远在名气之上的球员，而博比·穆尔算是其中非常典型的一位。尽管在英格兰他是拥有无上荣光的世界杯冠军队长，但由于活跃的年代久远、终生未效力于顶尖豪门以及英年早逝等，他在足球世界逐渐被遗忘了。实际上，抛开一切光环，仅就其绝对实力而论，博比·穆尔足以竞争足坛历史上最出色的中卫。

　　他的职业生涯集中于 20 世纪 60 年代，当时主流足坛的盯人防守体系已经蔓延开来，清道夫的角色深入人心。英格兰队是欧洲顶尖强队中少数采用区域防守体系的球队，不过穆尔的能力不逊于任何一位顶尖清道夫，甚至有过之而无不及。首先他拥有一名中卫必备的身体素质，其次他的位置感极其出色，在提前预判的同时敢于做出精准的动作，1970 年世界杯上一人抵抗巴西队豪华进攻线的场面令人久久回味。另外，穆尔的脚法同样出众，他能够像盯人体系的清道夫一样，扮演由攻转守的枢纽，一脚长传球往往就能直接发起进攻甚至威胁球门。只可惜他的生涯多数时间在西汉姆联度过，平台限制了他在海外的影响力，在英格兰人看来，他的声望甚至超过博比·查尔顿。2002 年，穆尔与贝克汉姆一起入围了由 BBC 发起、民众投票选出的"最伟大的英国人"榜单，是榜上仅有的两名足球运动员。

Romário
罗马里奥

关键词
"独狼"
"禁区之王"

主要荣誉
1 次世界杯冠军
1 次欧冠亚军
1 次世界足球先生

No.28

　　巴西天才往往伴随着天赋与随性，有时甚至充斥着原始气息，他们在绿茵场上施展才华的同时，却伴随着无尽的争议。罗马里奥可谓巴西特质的"集大成者"，他与生俱来的球性令人过目难忘，妙至毫巅的触球感觉，让他能在对方腹地翩翩起舞，以无比轻盈而曼妙的姿态，攻入那些写意的进球。在艺术性与产量相得益彰的前提下，罗马里奥孤傲的球风虽然使他获得了"独狼"的称号，但并不妨碍他成为所有防守球员的噩梦，加冕初代"禁区之王"。

　　不过，他野性的一面却阻碍了他平稳地度过职业生涯，即便在旷世圣贤克鲁伊夫手下效力，他也没有专注于足球。伴随着进球与胜利而来的，是他对于祖国狂欢的眷恋，这是巴西巨星的生存哲学，如果没有骨子里的浪漫情结，绿茵场上的他们也无法肆意绽放。这一切造就了罗马里奥漂泊的职业生涯，不过，1994 年世界杯终究是属于他的，短暂聚焦于赛场，他就用魔术般的进球表演征服了世界，率领巴西队自贝利时代之后，首次问鼎世界杯。这就是罗马里奥，这就是巴西足球。

出生日期：1966 年 1 月 29 日

国籍：巴西

位置：前锋

效力俱乐部：瓦斯科达伽马、PSV 埃因霍温、巴塞罗那、弗拉门戈、瓦伦西亚、弗鲁米嫩塞、萨德、迈阿密 FC、阿德莱德联

国家队数据：70 场 55 球

Ronaldinho
罗纳尔迪尼奥

关键词

"足球精灵"
"梦二王朝"

出生日期： 1980年3月21日

国籍： 巴西

位置： 中场

效力俱乐部： 格雷米奥、巴黎圣日耳曼、巴塞罗那、AC米兰、弗拉门戈、米内罗竞技、克雷塔罗、弗鲁米嫩塞

国家队数据： 97场33球

主要荣誉

1 次金球奖
1 次世界杯冠军
1 次美洲杯冠军
1 次欧冠冠军
1 次南美解放者杯冠军
2 次西甲冠军
1 次意甲冠军

No.29

当一个排名能排到这个位置的球星，人们对他的职业生涯满是唏嘘的时候，真的不得不感叹罗纳尔迪尼奥的足球天赋究竟有多么恐怖。小罗拥有着足坛历史级别的人球结合天赋，被誉为"足球精灵"，天马行空的技术动作和无与伦比的创造力，让观看他的比赛就如同欣赏一件艺术品。

2001 年小罗加盟巴黎圣日耳曼登陆欧洲，而真正让他家喻户晓成为世界级球星的，则是 2002 年世界杯上那脚面对英格兰队的惊天吊射，22 岁捧起大力神杯，罗纳尔迪尼奥开始成为巴西队的领军人物。2003 年小罗加盟巴萨，在里杰卡尔德的执教下，以小罗为核心的"梦二王朝"正式建立，西甲冠军和欧冠冠军接踵而至，小罗个人也在 2005 年获得金球奖。但辉煌来得快去得也快，小罗终究是败给了自己的不自律，职业生涯急转直下。2006 年世界杯巴西队 1/4 决赛出局，谁又能想到那竟是小罗的世界杯最后一舞，他的巅峰是那么璀璨却又那么短暂，短暂到让人无比遗憾。

Luka Modric
卢卡·莫德里奇

No.30

出生日期：1985年9月9日

国籍：克罗地亚

位置：中场

效力俱乐部：萨格勒布迪纳摩、莫斯塔尔日林斯基、国际扎普雷希奇、托特纳姆热刺、皇家马德里

国家队数据：186场27球（截至2025年4月25日）

主要荣誉

1 次金球奖
1 次世界杯亚军
6 次欧冠冠军
4 次西甲冠军
1 次世界足球先生

如果没有那场战争，莫德里奇的人生会是怎样呢？年少的莫德里奇本来只是一个在克罗地亚乡间无忧无虑放羊的孩子，但那突如其来的战争让他失去了祖父，让他和父母成为难民而流离失所，却也让他的足球天赋意外地被发现。从1991年到2006年，从难民酒店的停车场到聚光灯下的世界杯赛场，莫德里奇只用了15年的时间。

从白鹿巷球场到伯纳乌球场，这个"战火中走出的天才"不断地在刷新人们对他的认知，西甲冠军、欧冠冠军，他在不断追赶和超越那些克罗地亚足球历史上的传奇名字，2018年世界杯，莫德里奇作为队长带领着克罗地亚队历经三场加时赛和两场点球大战挺进决赛，创造了属于克罗地亚足球的历史。虽然球队最终不敌法国队获得亚军，但莫德里奇凭借着无与伦比的个人表现，打破梅西与C罗对金球奖10年的垄断，成为历史上第一位在同一年包揽世界杯金球奖、世界足球先生和金球奖三大荣誉的球员。

关键词

"战火中走出的天才"
"打破'梅罗'10年垄断"

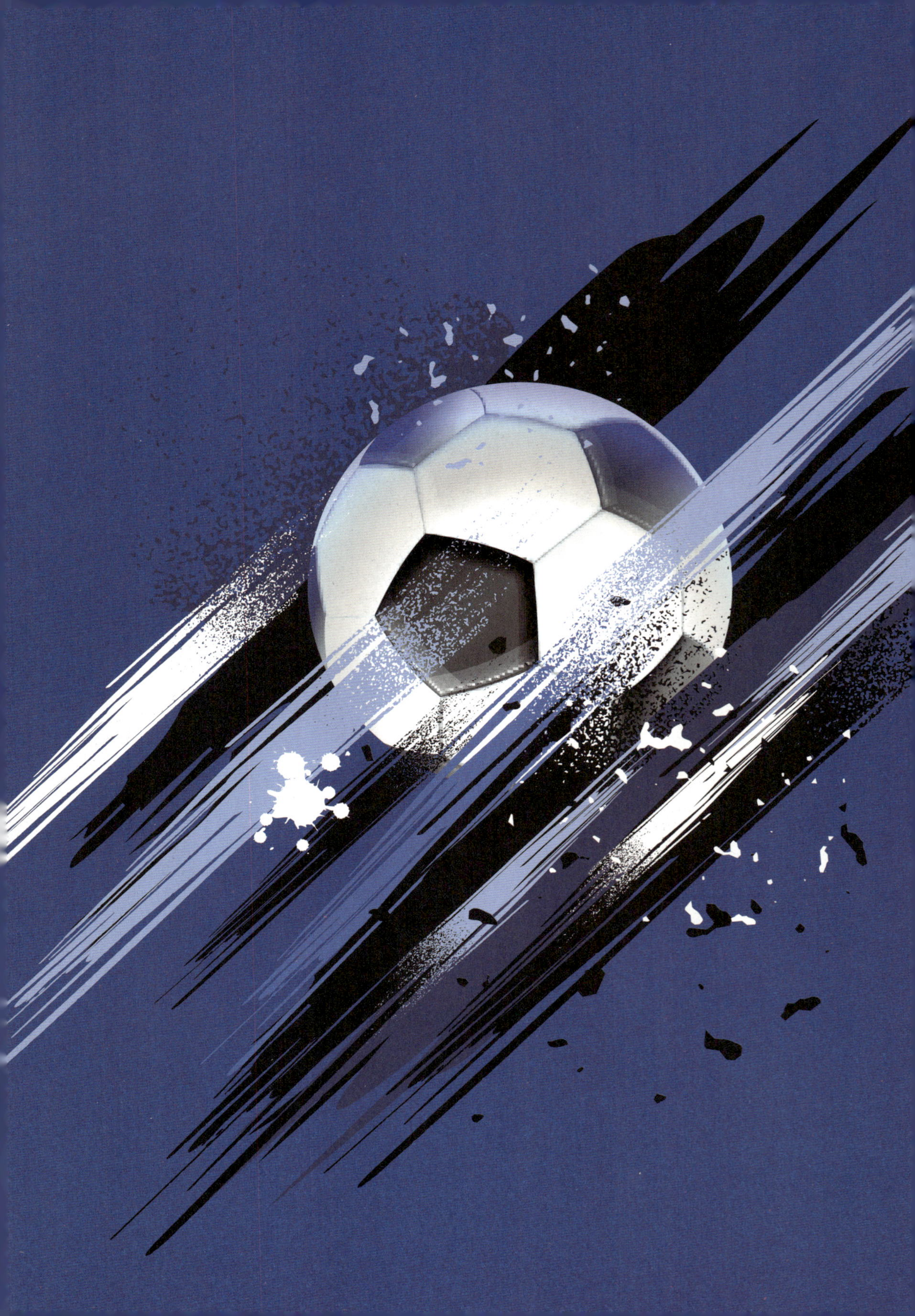

第四章

巨星世界

关键词

"米兰金童"
"意大利经典核心"

出生日期： 1943年8月18日

国籍： 意大利

位置： 中场

效力俱乐部： 亚历山德里亚、AC米兰

国家队数据： 60场14球

Gianni Rivera
詹尼·里维拉

No.31

主要荣誉

1 次金球奖
1 次世界杯亚军
1 次欧洲杯冠军
2 次欧冠冠军
2 次欧洲优胜者杯冠军

  米兰城有一种独特的魅力，时常能书写岁月史诗，勾勒出"一人一城"的壮丽画卷。弗朗哥·巴雷西与保罗·马尔蒂尼的忠诚故事，一代代传颂至今。然而我们不能忘记的是，曾经的"金童"里维拉，即便出道于小城球队，却从 17 岁开始代表 AC 米兰出战，此后 19 载将自己的职业生涯奉献于此，这何尝不是另一种对坚守的诠释。作为意大利足球历史上最著名的中场核心之一，他几乎收获了一切荣耀，也将自己的名字永远与米兰城深度绑定，成为后来者顶礼膜拜的对象。

  里维拉少年老成，未及弱冠便有大将之风，他拥有细腻的脚下技术，其大局观在那个年代也颇为突出。在他的从容调度之下，各类锋芒毕露的进攻球员便能最大限度地施展自己的才华。他曾挑落巅峰期的尤西比奥，击溃少年克鲁伊夫，在"大国际时代"中率领 AC 米兰与同城死敌形成分庭抗礼之势。当历史尘埃落定，一切归于沉寂，36 岁的他用最后一座意甲冠军奖杯，与自己的戎马生涯作别。意大利队的故事同样值得大书特书，1970 年世界杯半决赛的"世纪之战"，是他用进球绝杀了联邦德国队的希望，虽然面对横亘在面前的巴西队无可奈何，但这亦是一段值得永久珍藏的回忆。

Sergio Ramos
塞尔希奥·拉莫斯

主要荣誉

1 次世界杯冠军
2 次欧洲杯冠军
4 次欧冠冠军
5 次西甲冠军
2 次法甲冠军

No.32

"我会犯错，但我不会后退"，拉莫斯说的这句话可以说是他职业生涯最好的写照。他是足球历史上荣誉最多的后卫之一，他是足球历史上能力最全面、最出色的后卫之一，但要说人们对他印象最深的，还是他身上永远充满的激情和感染力，这些特质使他成为一名真正的领袖，能够在比赛中振奋士气、激励队友，带领球队不断地走向胜利。

拉莫斯的职业生涯起步于塞维利亚，当时他还是一名纯粹的右后卫。2005 年，19 岁的拉莫斯加盟皇马，而这身白色战袍他一穿就是 16 年。从新人到队长，从右后卫到中后卫，拉莫斯在队中变得越发不可或缺，其间他还帮助西班牙队完成了史诗般的大赛三连冠。2014 年的欧冠决赛，拉莫斯上演"9248 奇迹"，他在 92 分 48 秒打进的绝平球不仅帮助皇马最终逆转马德里竞技，更是开启了又一个皇马统治欧冠的时代。纵使年华老去，时代落幕，当谈起拉莫斯的名字和那个瞬间，还是会令无数人再度心潮澎湃。

关键词

"真正的领袖"
"9248奇迹"

出生日期： 1986年3月30日

国籍： 西班牙

位置： 后卫

效力俱乐部： 塞维利亚、皇家马德里、巴黎圣日耳曼、蒙特雷

国家队数据： 180场23球

Roberto Baggio
罗伯托·巴乔

关键词

"忧郁王子"
"梦幻马尾辫"
"经典九号半"

出生日期： 1967年2月18日
国籍： 意大利
位置： 前锋、中场
效力俱乐部： 维琴察、佛罗伦萨、尤文图斯、AC米兰、博洛尼亚、国际米兰、布雷西亚
国家队数据： 56场27球

主要荣誉

1 次金球奖
1 次世界杯亚军
1 次欧洲联盟杯冠军
1 次世界足球先生

No.33

对于老一辈中国球迷来说，如果要选出他们灵魂最受触动的足球画面，1994 年洛杉矶玫瑰碗球场，罗伯托·巴乔在骄阳下射失点球，落寞地叉腰伫立的场景，恐怕会最先浮现于脑海。经此一役，"忧郁王子"成了他永恒的标签，即便终其生涯的发挥足够出彩，也称得上荣誉等身，然而世界杯决赛上的伤痕，永远无法愈合。

巴乔的生涯起步并不顺利，膝盖的大伤让他蹉跎了两个赛季之久，也间接影响了他日后的爆发力。即便他后来的技术依旧精湛，持球长途奔袭如入无人之境，伴随着马尾辫的摇曳与鬼魅般的微笑一起深入人心，这终究只是"残血"版本，更增添了球迷对于"如果"的想象。作为介于前锋和中场之间的意式"九号半"，他的能力无须赘言，只可惜略显独特的性格让他四处漂泊。不过巅峰期在尤文图斯，他还是收获了不少奖杯，个人也在 1993 年同时拿到了金球奖和世界足球先生。国家队的遗憾成为永恒，也许这就是他的宿命，英雄王者带走了欢呼，悲情王子只落得唏嘘。不过，有你真好。

Frank Rijkaard
弗兰克·里杰卡尔德

主要荣誉

1 次欧洲杯冠军
3 次欧冠冠军
1 次欧洲优胜者杯冠军

No.34

出生日期： 1962年9月30日
国籍： 荷兰
位置： 中场、后卫
效力俱乐部： 阿贾克斯、葡萄牙体育、萨拉戈萨、AC米兰
国家队数据： 73场10球

　　从组建一支球队的角度来说，如果有 3 名实力超群的巨星，他们的位置与功能天然互补，自然是最理想的建队基石。按照传统足球的逻辑来看，由中锋、中场核心、后场"压舱石"组成的所谓中轴线，是再好不过的搭配。放眼整个足球历史，"荷兰三剑客"就是完美的组合模板，而让他们真正实现攻守均衡的，便是立足于球队稳压、扮演"压舱石"角色的里杰卡尔德。

　　里杰卡尔德与攻击线上的两位巨擘一样，都是身高出众、体形健硕且运动能力不俗的类型，结合肤色与发型的特质，他被冠以"黑天鹅"的称号。里杰卡尔德的位置与属性并不完全固定，时而与罗纳德·科曼等人搭档担任中后卫，时而成为中场的"压舱"核心，扮演攻防转换的枢纽。当然，如果时机成熟，以他的才华也能在进攻端有所作为。1990 年的欧冠决赛，僵局中正是他的插上破门，帮助 AC 米兰实现卫冕。尽管在范巴斯滕与古利特的"阴影"之下，他必须做出一些牺牲，甘当辅助的角色，但后世从未忘记他的贡献，"荷兰三剑客"永远是一体化的足坛传奇。

关键词

"黑天鹅"
"中后场压舱石"

关键词

"门卫开创者"
"德甲11连冠"

Manuel Neuer
曼努埃尔·诺伊尔

出生日期： 1986年3月27日

国籍： 德国

位置： 门将

效力俱乐部： 沙尔克04、拜仁慕尼黑

国家队数据： 124场0球

主要荣誉

1 次世界杯冠军

2 次欧冠冠军

11 次德甲冠军

No.35

在21世纪的足坛，能对某个位置做出开创性技术革新的球员可谓凤毛麟角，但诺伊尔做到了。作为"门卫"的开创者，诺伊尔的名字和他开创的踢法，会被未来一代又一代的门将传承下去。在足球诞生的前100多年当中，门将的主要职责都是在门线上阻止对手的射门，活动范围、脚下技术以及对进攻的帮助似乎与门将这个位置并没有太多关联。

但诺伊尔的出现改变了这一切，他20岁就在德甲完成首秀，除了门线扑救上的天赋，诺伊尔还展现出了不输外场球员的脚下技术。2010年，诺伊尔临危受命成为德国队主力门将参加世界杯，而这个位置他一待就是15年，2014年还捧起了大力神杯。在拜仁慕尼黑，他不仅参与了史无前例的德甲11连冠，更是将"门卫"技术彻底发扬光大，极大的出击控制范围让他仿佛就是一名多出来的后卫，在进攻中他也经常来到禁区之外通过精准的传球发起进攻。诺伊尔的出现彻底改变了足坛对于门将的要求以及评价体系，脚下技术自此成为每名优秀门将的必备特质。

Mário Zagallo
马里奥·扎加洛

主要荣誉
2 次世界杯冠军

No.36

出生日期： 1931年8月9日
逝世日期： 2024年1月5日
国籍： 巴西
位置： 前锋
效力俱乐部： 弗拉门戈、博塔弗戈
国家队数据： 33场5球

2024 年的年初，足坛巨星接连陨落，巴西队名宿扎加洛的离开，令老一辈中国球迷唏嘘不已。在众多中国球迷的心中，1998 年世界杯，巴西队那位功败垂成的银发老者，是他们早期足球回忆中难以磨灭的一部分，而这距离他以教练身份首次率领巴西队夺得世界杯冠军已经过去了 28 年。只是从宏观的足球历史来看，作为一名球员，马里奥·扎加洛的生涯足够辉煌，他带着弱冠之年的贝利两度问鼎世界杯，还间接成为改变足球历史的关键人物。

1958 年与 1962 年世界杯，扎加洛都以中流砥柱的身份，随巴西队两次加冕。他本人在既定的 "424" 阵形中司职左边锋，在那个 "WM" 阵形还有一定影响力的年代，巴西队的框架已经相当先进。不过扎加洛并非加林查那样的爆点型球员，他的绝对速度并不快，更擅长斜线拉扯与节奏掌控，这种属性让他频繁回撤持球组织，久而久之便成为一个 "半中场" 衔接点，锋线位置明面上只剩下了 3 名球员，形成了早期著名的 "不对称'433'阵形"。经过多年的演化，"433" 阵形在今天仍是足坛的绝对主流，而扎加洛在不经意间成为历史转折中的改革者。

关键词

"433雏形的阵眼"
"贝利的良师益友"

Roberto Carlos
罗伯托·卡洛斯

关键词

"重炮手"
"世界杯历史上任意球
破门最快时速"

出生日期：1973年4月10日
国籍：巴西
位置：后卫
效力俱乐部：圣若昂联盟、帕尔梅拉斯、国际米兰、皇家马德里、费内巴切、科林蒂安、安郅马哈奇卡拉、德里迪纳摩
国家队数据：127场11球

主要荣誉

1 次世界杯冠军
2 次美洲杯冠军
3 次欧冠冠军
4 次西甲冠军

No.37

　　足球历史上哪名球员拥有最粗壮的大腿？这个问题可能并没有一个标准答案，但是很多人第一时间脑海中浮现出来的应该是巴西队传奇左后卫罗伯托·卡洛斯。卡洛斯因其力量十足的远射和直接任意球而被称为"重炮手"，当面对卡洛斯的远射时，很多门将甚至来不及做反应就发现球已经入网了。2002年世界杯，卡洛斯面对中国队的进球，更是以149km/h的球速，创造了有统计以来世界杯历史上任意球破门的最快时速。

　　1995年，卡洛斯从巴西来到欧洲加盟国际米兰，一年之后转会皇马。在皇马，卡洛斯收获了众多荣誉。而在巴西队，他和卡福在左右边路组成的"双卡组合"更是其他任何国家队都无法匹敌的边后卫配置，两次美洲杯冠军和一次世界杯冠军，还有1997年四国赛上那脚足以载入史册的任意球破门，让卡洛斯的国家队生涯无比辉煌。而从卡洛斯退役之后到现在，足坛似乎还没有任何一个左后卫能达到哪怕只是接近于卡洛斯的水准。

Sándor Kocsis
桑德尔·柯奇士

No.38

出生日期：1929年9月21日

逝世日期：1979年7月22日

国籍：匈牙利

位置：前锋

效力俱乐部：科巴尼奥、费伦茨瓦罗斯、布达佩斯洪伟德、伯尔尼年轻人、巴塞罗那

国家队数据：68场75球

主要荣誉
1 次世界杯亚军
1 次欧冠亚军
2 次西甲冠军

考量一名球星威慑球门的能力时，脚下水准自然占据较高权重，不过"头上功夫"亦不能被忽视。头球这项能力看似质朴，却融合了最纯粹的力量与技巧之美，从贝利到比埃尔霍夫，再到如今的C罗，我们无不为他们的"金头一闪"欢呼雀跃。不过对足球历史稍有涉猎的朋友，应该对桑德尔·柯奇士的大名有所耳闻，他是足坛顶尖舞台之上第一位因为头球出众而被永久铭记的巨星，人送外号"金头"。

柯奇士与普斯卡什、齐博尔等人，同属于 20 世纪 50 年代匈牙利队的"黄金一代"，虽说他的脚下感觉与后两位存在差距，不过他有自己的独门绝技。身高 1.77 米的柯奇士，在那时也算不上高大魁梧，但他对于空中球的判断与处理，令人拍案叫绝。作为普斯卡什身边的另一位内锋，他总能在禁区腹地判断出球的落点，再根据实际位置做出合适的头球动作。无论是暴力头槌还是带有技巧的吊射，柯奇士都拿捏得炉火纯青。他不仅是足球历史上头球破门最多的球员之一，其含金量也是有目共睹的，特别是 1954 年世界杯半决赛，在普斯卡什因伤缺阵的情况下，匈牙利队与上届冠军乌拉圭队鏖战至加时赛，最后时刻正是柯奇士的两次金子般的头球破门，帮助队伍挺进世界杯决赛。

关键词

"金头"
"普斯卡什的黄金搭档"

Dennis Bergkamp
丹尼斯·博格坎普

出生日期： 1969年5月10日

国籍： 荷兰

位置： 前锋、中场

效力俱乐部： 阿贾克斯、国际米兰、阿森纳

国家队数据： 79场37球

主要荣誉

2 次欧洲联盟杯冠军
1 次欧洲优胜者杯冠军
3 次英超冠军

No.39

爱上足球的理由有很多种，取决于个人不同的审美观。不过在多数球迷的回忆中，有一种球风似乎难以抗拒，这便是博格坎普的演绎方式。他拥有一副冷峻严肃的面庞，在绿茵场上却化身艺术家，一停一触妙至毫巅，真正将足球这项运动的观赏性推向巅峰。他是如此冷酷，又是如此优雅，"冰王子"的美名是最好的诠释。在全世界的范围内，如果你热爱足球，也许欣赏博格坎普就是最好的理由。

当然，抛开外在的光环，所谓的艺术性亦需要内化的能力支撑，博格坎普的球性丝毫不逊色于南美球星，更可贵的是对于空间的预判，让他为下一步的动作做足准备。从观感上来说，这些潇洒的动作不仅能取悦球迷，更能震慑来势汹汹的对手。从出道开始他便成为荷兰人的宠儿，1992年欧洲杯，在"三剑客"众星捧月的加持下，23岁的"冰王子"成功接过衣钵，成为殿堂之上最璀璨的那颗新星。其后10年的阿森纳岁月，他的地位甚至超过了维埃拉与亨利，始终不渝地站在温格身边。他更是陪伴着无数球迷度过了难忘的青葱岁月，在海布里球场完成了历史使命之后，博格坎普也随之谢幕，留下了永恒的艺术传说。

关键词

"冰王子"
"优雅的艺术家"

Kylian Mbappé
基利安·姆巴佩

关键词

"19岁成为世界杯冠军"
"世界杯决赛上演帽子戏法"

主要荣誉
1 次世界杯冠军
1 次欧国联冠军
7 次法甲冠军

No.40

出生日期：1998年12月20日

国籍：法国

位置：前锋

效力俱乐部：摩纳哥、巴黎圣日耳曼、皇家马德里

国家队数据：88场48球（截至2025年4月25日）

　　19 岁成为世界杯冠军，对于姆巴佩来讲，他已经拿到了很多球员终其职业生涯都无法拿到的荣誉，但人们对姆巴佩的期望，却远不止于此。姆巴佩年少成名，16 岁就为摩纳哥上演法国足球甲级联赛（简称"法甲"）首秀，18 岁就已经作为当家前锋帮助摩纳哥打进欧冠四强并收获法甲冠军，19 岁更是在世界杯 7 场比赛中打入 4 球并捧起大力神杯。

　　加盟巴黎圣日耳曼之后，姆巴佩已经成为全世界足坛最好的球员之一，人们已经开始以"梅罗"的标准去要求这位法国新星。法甲冠军已经不再能够证明什么，在经历了 2020 欧洲杯的铩羽而归之后，姆巴佩在 2022 年世界杯上再度大放异彩，7 场比赛打进 8 球，更是成为历史上第二位在世界杯决赛上演帽子戏法的球员。虽然法国队没能完成连冠，但姆巴佩的表现让人们看到了他想去统治一个足坛时代的决心。2024 年夏天，姆巴佩走出了那一步，加盟皇马开启职业生涯新的篇章，作为百大球星中最年轻的一位球员，姆巴佩的未来仍然有着无限的可能性。

Kevin Keegan
凯文·基冈

No.41

主要荣誉

2 次金球奖
1 次欧冠冠军
2 次欧洲联盟杯冠军

出生日期： 1951年2月14日
会籍： 英格兰
位置： 前锋
效力俱乐部： 斯坎索普联、利物浦、汉堡、南安普敦、纽卡斯尔联、布莱克顿城
代表队数据： 63场21球

对于大多数中国球迷来说，凯文·基冈这个名字，始终与教练的身份密不可分，早年在纽卡斯尔联创造了炫目的进攻体系，后来又在曼彻斯特城（简称"曼城"）撑过了崛起之前最后一段黯淡时光，称得上是一位德高望重的智者。然而在主流足球世界中，他的威名远不止于此，在20世纪七八十年代，他是叱咤足坛的超级巨星，是最初将利物浦带上欧洲之巅的"红军国王"，香克利视他如珍宝，球迷则奉他为上帝。

基冈是很典型的英式二前锋，在那个双前锋体系占主导的时代中，他与托沙克的利物浦锋线组合，甚至令克鲁伊夫的巴萨都闻风丧胆。基冈身高1.73米，体形健硕、下盘极其扎实，拥有出众的奔跑能力，不仅绝对速度尚可，体能更是令人瞠目结舌，马拉松这样的距离对他来说不是天文数字。在高中锋的掩护之下，他可以四处游弋捕捉战机，尽管绝对得分效率并不出众，但对于防线的威慑力是随时存在的。当佩斯利真正悟透了欧洲大陆体系的精髓，他也与基冈一起在1977年将利物浦推上了欧洲之巅。后来基冈为了更好的待遇，选择前往德甲的汉堡发展，尽管遭遇了短暂的挫折，但他在那里达到了又一个高峰，连续两年斩获金球奖，是迄今为止唯一做到这一点的英格兰球员。相对遗憾的是国际大赛，基冈在世界杯和欧洲杯上都是匆匆过客，这也让他的声名传播受到制约，不过他的传奇生涯，应该被后世反复吟诵。

关键词

"利物浦初代国王"
"完美的二前锋"

Jürgen Klinsmann
尤尔根·克林斯曼

关键词

"金色轰炸机"
"德国三驾马车"

No.42

主要荣誉
1 次世界杯冠军
1 次欧洲杯冠军
2 次欧洲联盟杯冠军

出生日期：1964年7月30日
国籍：德国
位置：前锋
效力俱乐部：斯图加特踢球者、斯图加特、国际米兰、摩纳哥、托特纳姆热刺、拜仁慕尼黑、桑普多利亚、奥兰治蓝星
国家队数据：108场47球

克林斯曼是经典中锋的标杆式人物，当他出现在球场之上，就会令对方的防线不寒而栗。他与生俱来的冲击力与侵略性，再结合全面的攻击技巧，让其成为冷酷无情的超级射手。简单直接地冲击禁区，伺机而动地大力轰门，往往能取得最好的结果，"金色轰炸机"的威名，就是对他特点的最好诠释。在他活跃的年代，搭配中场"永动机"马特乌斯和攻击力强悍的后防多面手布雷默，"德国三驾马车"威震天下，是当时唯一能与"荷兰三剑客"抗衡的足坛势力。

在他的巅峰岁月中，克林斯曼始终用进球引领球队前进，也实现了对主要荣誉的大包大揽。不过对于一名德国巨星，荣誉等身几乎成为标配，他更为后世称道的，是一种勇往无前的冒险精神。尽管从 20 世纪 70 年代开始，德国球员赴国外豪门一展拳脚已司空见惯，但如克林斯曼一般邀游四海，先后在意甲、法甲与英超留下深刻烙印的，虽非绝无仅有但也称得上凤毛麟角。特别是迈过而立之年后，还在方兴未艾的英超中大杀四方，单赛季打入 20 球令人印象深刻，如今 30 年过去，还鲜有哪位德国球员在英格兰赛场留下过如此深刻的烙印。这便是克林斯曼，足坛浪子志在四方，莫愁前路无知己，天下谁人不识君。

Michael Laudrup
米歇尔·劳德鲁普

出生日期： 1964年6月15日

国籍： 丹麦

位置： 前锋、中场

效力俱乐部： 哥本哈根、布隆德比、拉齐奥、尤文图斯、巴塞罗那、皇家马德里、神户胜利船、阿贾克斯

国家队数据： 104场37球

主要荣誉

1 次欧冠冠军
5 次西甲冠军
1 次意甲冠军

在欧洲足球的版图中，北方向来不是核心区域，然而无论是瑞典还是挪威，丹麦抑或是芬兰，甚至连人口稀疏的小国冰岛，都曾在主流舞台上留下过深刻的烙印。如果要评选北欧足球的图腾式人物，当下的球迷第一反应自然是埃尔林·哈兰德，也有人会提及伊布拉希莫维奇，不过当我们把历史的车辙渐渐延长，有一个如雷贯耳的名字曾让无数人爱上足球，他便是曾经的"丹麦王子"，足球场上的绝对偶像——米歇尔·劳德鲁普。

提起劳德鲁普这个姓氏，国内老一辈球迷可能存在些许刻板印象：哥哥米歇尔是中场的核心球员，弟弟布莱恩的踢法更具冲击性；一个是统帅三军的将领，一个是冲锋陷阵的战士。不过对于米歇尔·劳德鲁普这样一位历史级的巨星来说，他的全能属性不应被忽视。尽管因其细腻的技术能力、出众的传球脚法，以及上帝视角般的大局观，他在生涯后期确实可以被定义为掌舵型核心，不过他生涯中前期也具备很明显的前锋属性，无论边路还是中路的箭头角色都可以胜任，即便巅峰期在巴萨也被视为"影子杀手"，多元化的能力令人过目难忘。他辗转多家豪门，在俱乐部收获了一切荣耀，还曾与丹麦两代"黄金一代"一起，在1984年欧洲杯和1998年世界杯上奉献了精彩演出。尽管出于个人原因，他未能率队参加1992年欧洲杯，无缘童话成真的梦境时刻，然而缺憾又何尝不是一种经历。于他而言，足球生涯早已如安徒生笔下那般梦幻，一切都是最好的安排。

No.43

关键词

"丹麦王子"
"全能攻击手"

Luis Suárez
路易斯·苏亚雷斯

关键词

"西班牙足球的初代英雄"
"大国际时代的见证人"

> **主要荣誉**
>
> 1 次金球奖
> 1 次欧洲杯冠军
> 2 次欧冠冠军

No.44

出生日期：1935年5月2日
逝世日期：2023年7月9日
国籍：西班牙
位置：前锋、中场
效力俱乐部：拉科鲁尼亚、康达尔体育、巴塞罗那、国际米兰、桑普多利亚
国家队数据：32场14球

　　西班牙足球在 21 世纪可谓风光无限，其用体系征服了世界，成为荣耀与巅峰的代名词，在巴西队式微的年代，西班牙队似乎站上了历史的高点。然而在光环之外，西班牙球员的单体能力仍存在讨论的空间，他们的整体协作很出色，却缺乏所谓的"球王"型领军人物，尽管哈维与伊涅斯塔无限接近神坛，但作为独立的个体难以睥睨天下。不过早在半个多世纪之前，西班牙足坛便有一位踢法酷似"球王"的人物，他有一个如今听起来也并不陌生的大名，路易斯·苏亚雷斯。

　　这位苏亚雷斯，并非顶在禁区腹地的"箭头"，他可以被视为攻击线上的自由人，脚下灵活且变化多端，擅长从各角度游弋切入，单兵作战具备威慑力的同时，也能纵观走势适时做出符合整体利益的决策。尽管并非巴萨青训出身，但他从 20 岁开始就代表巴萨出场，也可以视作这一派系的球员。即便彼时的皇马如日中天，但苏亚雷斯还是率领球队两次从死敌手中抢下联赛冠军，并在 1960—1961 赛季的欧冠中亲手将皇马淘汰出局，终结了对手不可一世的五连冠。由于贡献巨大，苏亚雷斯也成功加冕 1960 年的金球奖，成为西班牙本土首位"金球先生"。完成夙愿之后，他选择在巅峰期加盟国际米兰，又乘着"大国际时代"的快车，连续两次拿到欧冠冠军，其间还在 1964 年率领西班牙队拿下了本土欧洲杯的冠军。即便如今的后辈在某些层面已经超越了他，这段属于西班牙足球初代英雄的传说永远不会消散。

Raymond Kopa
雷蒙德·科帕

主要荣誉

1 次金球奖
1 次世界杯季军
3 次欧冠冠军

出生日期：1931年10月13日
逝世日期：2017年3月3日
国籍：法国
位置：前锋、中场
效力俱乐部：昂热、兰斯、皇家马德里
国家队数据：45场18球

在普拉蒂尼时代之前，法国足球的声量相对有限，仅有的高光时段集中于20世纪50年代中后期，而一切都与雷蒙德·科帕有关。科帕的定位类似于普拉蒂尼时代的攻击型中场，属于掌控球队的核心，即便纵观法国足球历史，他的脚下能力也是一等一的存在，在持球过程中尽显大将之风，能够很好地审时度势，做出最优的选择。虽然如今留下的确切统计数据几乎都是冷冰冰的进球数字，但要是按照今天的标准考量，他的助攻以及关键传球次数，定是居于时代翘楚之位。

20世纪50年代中期，当布达佩斯洪伟德、伍尔弗汉普顿流浪者（简称"狼队"）以及皇马等豪强，还在为谁是欧洲霸主唇枪舌剑之时，早年在欧冠中真正挺身而出与皇马"华山论剑"的，反而是科帕率领的法甲球队兰斯，尽管因整体实力不济在决赛中败北，但他在英雄史诗中扮演的角色不可被低估。1958年世界杯，法国队同样是在科帕的引领之下，历史性地斩获季军，并且在半决赛与巴西队一同演绎了旷世之战，成为"球王"贝利横空出世的经典注脚，科帕本人也借此斩获了当年的金球奖。后世更喜欢热议方丹单届13球的"神迹"，殊不知科帕同届比赛贡献了大约9次助攻，方丹自己后来也坦言："当科帕站在我身后，我才知道如何自如地踢球。"谁是法国队的核心一目了然。稍显遗憾的是，巅峰期的科帕加盟皇马之后，未能与其他巨星完美融合，遗憾地成为匆匆过客，否则在皇马缔造欧冠王朝的时代，他会为后世留下更多赏心悦目的比赛。

No.45

关键词

"法国初代足球偶像"
"引领法甲欧冠浪潮的先驱"

Cafu
卡福

关键词

"右路天王"
"从边锋到边后卫"

No.46

主要荣誉

2次世界杯冠军
2次美洲杯冠军
1次欧冠冠军
2次南美解放者杯冠军
1次欧洲优胜者杯冠军
2次意甲冠军

出生日期：1970年6月7日
国籍：巴西
位置：后卫
效力俱乐部：圣保罗、萨拉戈萨、尤文图德、帕尔梅拉斯、罗马、AC米兰、加福斯
国家队数据：143场5球

卡福是历史上最为出色的右后卫之一，被称为足坛的"右路天王"，但实际上卡福在青年队的位置是边锋。从边锋到边后卫，卡福的职业生涯被这样的一个决定完全改变。在右后卫的位置，卡福既能在进攻端完成快速的推进和精准的传中，也能在防守端完成及时的补位和准确的抢断。迅速崭露头角的他在1994年初登世界杯赛场，决赛中临危受命替补登场，最终帮助巴西队捧得大力神杯。

此后卡福来到意甲，他的职业生涯也达到了巅峰。2002年世界杯，卡福作为队长捧起大力神杯，他和左后卫卡洛斯就像两个发动机一样驱动着巴西队的边路进攻，和"3R组合"遥相呼应。边后卫通常是足球场上最不起眼的位置，但其重要性可不容忽视，对于自己的职业生涯，卡福总结道："如果上帝给我一次重来的机会，我将会选择踢前锋。如果你是一名后卫，你每时每刻都要保持警惕，所以，还是踢前锋轻松点。"

George Best
乔治·贝斯特

No.47

主要荣誉

1 次金球奖
1 次欧冠冠军
2 次英格兰顶级足球联赛冠军

大众足球偶像，一个如今听起来略显平淡的词语，其真实影响力恐怕是绝大多数球星难以企及的。球场内的竞技水准固然重要，然而如果要在更广泛的社会层面引发轰动，需要的则是多维度、深层次的影响力。21 世纪的足球圈，最名副其实的大众偶像显然是贝克汉姆，而半个世纪之前，曼联"三圣"之一的乔治·贝斯特引发的轰动效应丝毫不逊于前者。那是约翰·列侬与保罗·麦卡特尼名噪天下的岁月，而在绿茵世界中，乔治·贝斯特被称为"第五个披头士"，寥寥数语，乾坤震动。

乔治·贝斯特可能是欧洲足球历史上盘带过人能力最为出众的球员之一，他凭借绝对速度足以用简单粗暴的方式撕裂对手的防线。然而上帝却格外垂青这位北爱尔兰天才，还赋予了他顶尖的球感，这让其在小范围内的脚法运用无比从容，颇有南美球星的风姿。当一名球员上一秒还以百米冲刺的速度碾过一众后卫，下一秒又在禁区腹地闪转腾挪加入无人之境，你很难想象此刻对手的防线有多么绝望。贝斯特出道时恰逢曼联"慕尼黑空难"之后的重建岁月，急需用人的巴比将 18 岁的贝斯特推上首发，他很快便与博比·查尔顿和丹尼斯·劳融为一体，并在 1968 年帮助曼联首夺欧冠冠军，个人也斩获了当年的金球奖。可惜在天使的一面之外，贝斯特亦是足坛有名的浪子，炫目的球技自不必说，英俊帅气的面庞同样倾倒众生。球场之外的他沉溺于酒精和荒诞的夜生活，25 岁就渐渐迷失了自我，很快状态便光速下滑，28 岁就与曼联分道扬镳，消失在主流的视野之中。他是如此风流倜傥，仿若流星般绚烂，却不曾悟出贝克汉姆那句肺腑之言："我只希望，作为一名勤奋努力的足球运动员，被世人铭记。"

关键词

"足坛浪子" "第五个披头士" "曼联三圣"

出生日期：1946年5月22日

逝世日期：2005年11月25日

会籍：北爱尔兰

位置：前锋、中场

效力俱乐部：曼彻斯特联、犹太人公会、邓斯特布尔、斯托克港、科克凯尔特人、洛杉矶阿兹特克、富勒姆、劳德代尔堡前锋、希伯尼安、圣何塞地震、伯恩茅斯、布里斯班狮吼、托伯摩联

代表队数据：37场9球

Bernd Schuster
贝恩德·舒斯特尔

关键词

"最完美的单后腰"
"桀骜的天才"
"西甲名宿"

主要荣誉

1次欧洲杯冠军
1次欧洲优胜者杯冠军

No.48

出生日期： 1959年12月22日
国籍： 德国
位置： 中场
效力俱乐部： 科隆、巴塞罗那、皇家马德里、马德里竞技、勒沃库森、墨西哥美洲狮
国家队数据： 21场4球

　　历史上有很多巨星，因为种种原因终生未能参加世界杯，这自然是足球世界的一大憾事。随意打开一份榜单，舒斯特尔的大名必然位列其中，也足见这位传奇中场的江湖地位。他是那种出道即惊艳世界的超级天才，比后来的马里奥·格策有过之而无不及，作为名帅魏斯魏勒在科隆发掘出的瑰宝，18岁便开始驰骋德甲赛场，20岁那年便作为联邦德国队的超新星，以驭风之力率队夺得欧洲杯冠军，风头甚至盖过了巅峰期的鲁梅尼格。特别是与荷兰队的关键比赛，他用掌控一切的发挥主宰了历史的进程，世人都在惊呼：这是真正横空出世的天才。

　　舒斯特尔是绝对意义上的"六边形"中场，有人说如果单后腰能够撑起整支球队的体系，那么舒斯特尔就是最完美的人选。他不仅在进攻端能够消化大量球权，完成必要的推进与组织，防守端更是如同一道屏障，随处可见他的身影，是一位不需要"抬轿人"的旷世奇才。后来他登陆西班牙赛场，先后在"西甲三强"巴萨、皇马与马德里竞技效力，并且没有被牵扯进硝烟弥漫的恩怨，将更多的烙印留在了球场之上，也是罕见的圆满收场的"西甲名宿"。只可惜如同很多才华横溢的巨星那样，舒斯特尔的性格狂妄乖戾，这让他与国家队的关系极其紧张，1980年欧洲杯后，再未代表联邦德国队参加过任何大赛。那时球队的中场"工兵"云集，唯独缺少这样一位具备创造属性的掌舵人，然而桀骜的他始终不愿低头，未能与队友开创新的王朝。回头试想一下，如果当时本就成绩出众的联邦德国队，拥有这样一位中场帅才，那么1986年的马拉多纳、1988年的范巴斯滕，也许会遇到前所未有的阻力，足球历史也可能被改写。

Matthias Sindelar
马蒂亚斯·辛德拉尔

主要荣誉

1 次中欧杯冠军
2 次中欧杯亚军
1 次世界杯四强

出生日期： 1903年2月10日
逝世日期： 1939年1月23日
国籍： 奥地利
位置： 前锋
效力俱乐部： 维也纳赫塔、奥地利维也纳
国家队数据： 43场26球

一个世纪之前的足球，尽管依稀有了今天的框架，然而整体的观念与当下仍有着较大出入。在20世纪30年代，尽管随着阿森纳名帅查普曼的功成名就，"WM"阵形日益成为主流，不过此前风靡了数十年的"235"阵形仍有一席之地。该阵形在锋线上一般会安排五名球员，顶在中间的多数是攻城锤般的大中锋，这种孔武有力的形象契合当时的主流审美，而伟大的辛德拉尔却成为"异样"的锋线球员。他的身形相对单薄，作为中锋十分灵活，更喜欢深度回撤参与进攻的发起，不愿守在禁区内只扮演终结者。这样的类型如今看起来司空见惯，但在那个年代却显得特立独行，甚至造成了不同审美派别之间的巨大冲突。由于其在场上来去如风般的姿态，当时的舆论称他为"纸片人"，考虑到这种踢法在后世的沿用，一般会将辛德拉尔追认为"伪9号"的鼻祖。

那时候辛德拉尔所在的奥地利足坛，是整个欧洲足球的中心区域之一，名帅雨果·迈索率领的"神奇之队"不断掀起新的风潮，辛德拉尔作为这支球队的灵魂人物，自然也成了那时足坛最为知名的巨星之一。尽管当时已经有一些大型的比赛开始举办，但真正让辛德拉尔与奥地利队的声望达到最高潮的，还是1934年世界杯。奥地利队是当时的夺冠热门球队之一，整体的晋级之路却相当坎坷，特别是八强战与匈牙利队的史诗对决，辛德拉尔与沙罗希两位核心狭路相逢，最后奥地利队在战损严重的情况下勉强打入半决赛。其后与东道主意大利队的半决赛，"残血"的奥地利队显得力不从心，辛德拉尔也被对方紧逼盯防，最终遗憾败北。按照既定的计划，1938年世界杯，奥地利队还有希望卷土重来，然而时局的变化却击碎了一代人的梦想，德奥合并来得那么猝不及防，辛德拉尔拒绝为新的国家队出战，而且在几个月之后就意外逝世，留给足球世界的则是永久的悬案。

关键词

"纸片人"
"伪9号鼻祖"

No.49

Robert Lewandowski
罗伯特·莱万多夫斯基

出生日期：1988年8月21日

国籍：波兰

位置：前锋

效力俱乐部：华沙三角洲、华沙莱吉亚、普鲁什库兹尼什、波兹南莱赫、多特蒙德、拜仁慕尼黑、巴塞罗那

国家队数据：158场85球（截至2025年4月25日）

关键词

"最完美的单前锋" "锋线常青树"
"金球奖的无冕之王"

主要荣誉

1 次欧冠冠军
10 次德甲冠军
2 次世界足球先生

No.50

　　进入 21 世纪后，世界足坛陆续发生一些体系上的变革，逐步变成了我们如今看到的足球。其中前锋配置的演进提及率不高，却深刻影响了从选材培养到豪门体系构建之路。曾经的足坛双前锋体系是绝对主流，演化出了诸如"一高一快"等经典搭配，不过随着世纪之交"4231"等阵形的普及，前场只放一名中锋的体系，开始被越来越多的球队采用，随着西班牙队征服欧洲与世界，人们看到了中场霸权的重要性，自然希望投入更多兵力在腹地展开竞逐，锋线上派出一名全面的球员挑大梁即可。莱万多夫斯基就活跃于这个变革的时代，他拥有完美的身材比例、不俗的运动能力，同时兼备一定的拿球能力、良好的出球感觉，另外，门前的得分效率也达到了这个时代的顶尖水准。我们完全可以说，在如今主流的架构中，莱万多夫斯基就是众多豪门锋线的标准答案，可惜这个星球上只有一个莱万多夫斯基。

　　事实上，莱万多夫斯基刚加盟多特蒙德的时候，还曾踢过一段时间的前腰，后续随着人员的变动，才被真正推向进攻端。后来他与格策、胡梅尔斯等人共同进步，掀起了多特蒙德的青春风暴，2013 年欧冠半决赛对阵皇马的"大四喜"，就是他早期生涯的代表作。不光是这段时间，在加盟拜仁慕尼黑之后，他的位置与踢法都相对灵活，并非驻守在禁区附近的工具人，回撤游弋的持球组织司空见惯，也凸显了他作为单前锋的全面性。直到 2019 年冬天弗里克上台，完成增肌之后莱万才成为真正的终结者，他的进球效率陡增，也率队斩获了所有荣誉，如果 2020 年的金球奖正常颁发，他一定是那个站在巅峰的男人。更为可贵的是，他的状态一直保持到了 2025 年，似乎还有延续的势头，确实令人充满期待。

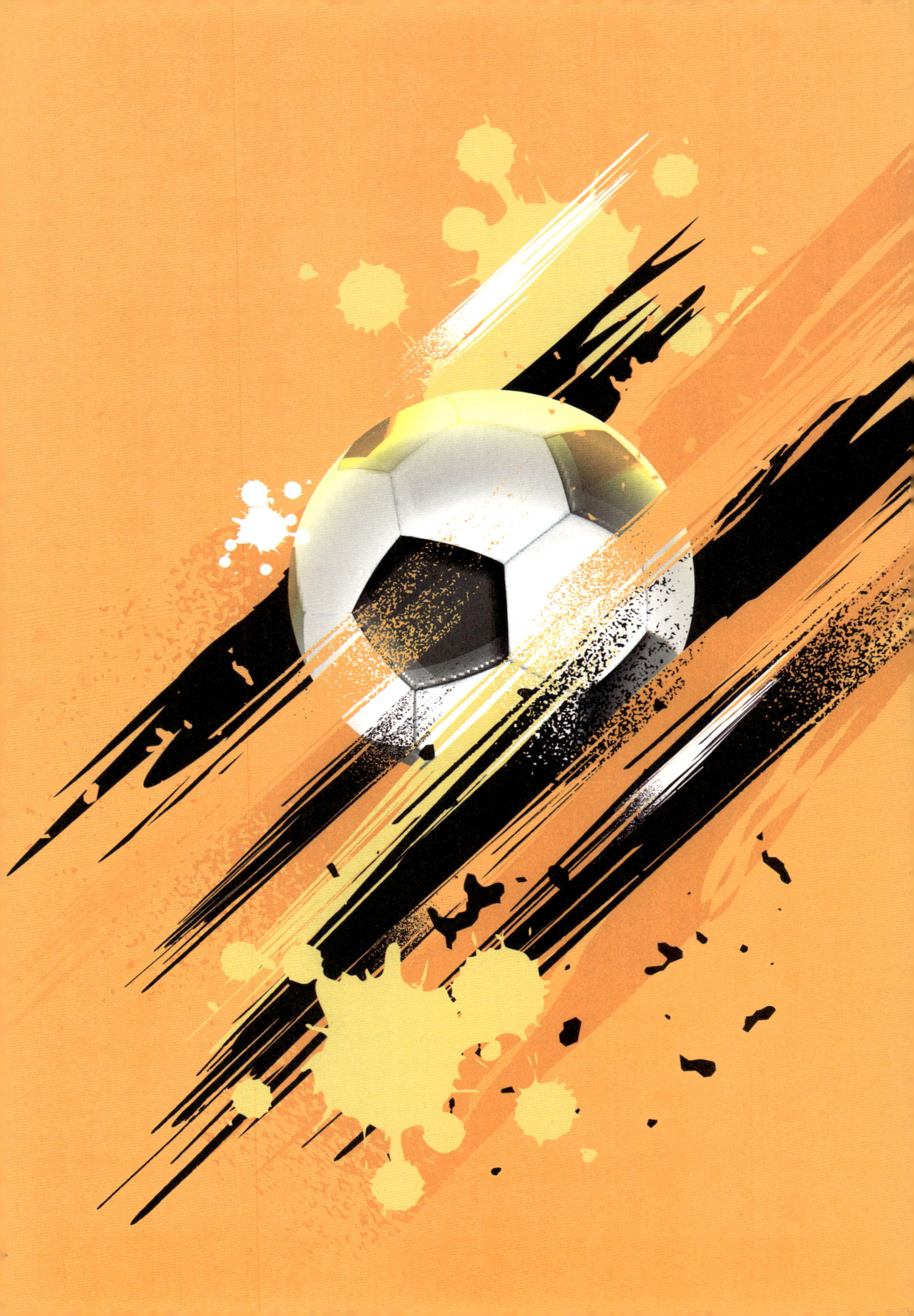

第五章

梦幻星光

József Bozsik
约瑟夫·博日克

No.51

主要荣誉

1 次世界杯亚军
5 次匈牙利足球联赛冠军

出生日期： 1925年11月28日
逝世日期： 1978年5月31日
国籍： 匈牙利
位置： 中场
效力俱乐部： 布达佩斯洪伟德
国家队数据： 101场11球

  20 世纪 50 年代的匈牙利队"黄金一代"，称得上是二战之后最早扬名世界的"梦之队"，后世多着墨于普斯卡什的君临天下、柯奇士的"金头"一闪、齐博尔的边中游弋，中场层面也会强调希代古提后撤的重大意义，然而却时常忽略了队中真正的中场大师博日克。在当时匈牙利队常规的类"424"阵形中，希代古提活动范围较为飘忽，更多负责进攻组织中的关键一传，后撤到防线的佐考里亚什，多是扮演偏后卫的角色，所以博日克几乎一人承担了攻防两端的核心任务，扮演一个稳压调度的指挥官角色，按照今天的体系来类比，他就是当时匈牙利队中的莫德里奇。

  根据少许影像资料，以及同时代球员的回忆，博日克持球的节奏感非常好，出众的脚下能力能帮助他自如地控球，精确的传球能力可以让到位的队友制造杀伤，这种沉稳老练的球员在任何顶尖球队中都是不可替代的角色。不过受限于时代，博日克动作速度较慢的特点，往往会在比赛中后段成为比赛的不稳定因素，那时的协防与补位远没有今天轮转得好，也导致球队在一些重要比赛中失衡，当然这一切无法掩盖博日克的光芒。另外值得一提的是，在匈牙利球员因为时局变化散落天涯之时，博日克是少数留在国内的核心球员，还随队继续参加了 1958 年世界杯，直到 37 岁才退出国家队。终其职业生涯，博日克都在布达佩斯洪伟德效力，是所谓"一生一队"的代表人物之一。

关键词

"中场大师"
"匈牙利队黄金时代的指挥官"

Hristo Stoichkov
赫里斯托·斯托伊奇科夫

关键词

"霹雳火"
"巴萨梦一队核心"
"保加利亚队的图腾"

> **主要荣誉**
>
> **1 次金球奖**
> **1 次欧冠冠军**
> **5 次西甲冠军**

No.52

出生日期： 1966年2月8日

国籍： 保加利亚

位置： 前锋

效力俱乐部： 赫布洛斯、索菲亚中央陆军、巴塞罗那、帕尔马、利雅得胜利、柏太阳神、芝加哥火焰、华盛顿特区联

国家队数据： 83场37球

从 2004 年至今，保加利亚队已经超过 20 年无缘国际大赛，对于年轻一代的球迷来说，这个国家似乎是足坛的边缘群体。然而将岁月的轮盘往回倒拨十几年，保加利亚队是奇迹与激情的代名词，其在 1994 年世界杯上历史性地闯入四强，领袖斯托伊奇科夫的名字，也被永久载入史册。对于当时的球迷来说，这位锐利迅猛、果敢中带着几分细腻的锋线杀手，在美国炽热的光芒下似乎不可阻挡，他是那么干脆利落地直入人心，仿佛一团熊熊燃烧的"霹雳火"，一往无前地照亮远方。

当然，斯托伊奇科夫并非依托世界杯出名的"流星"，早在 24 岁时他就加盟了西甲豪门巴萨，那时的欧洲赛事有着严苛的国籍限制，常规首发一般只有 3 名外援可以登场，巴萨愿意把如此宝贵的机会留给一名保加利亚球员，足见对其能力的认可。即便他没有罗马里奥那般天马行空的球感，也没有米歇尔·劳德鲁普上帝视角般阅读比赛的能力，却靠着他综合的基础素质，扛起了那些年球队的得分重担。"独狼"随性而不服管教，劳德鲁普位置相对灵活，斯托伊奇科夫才是球队的箭头人物，在整个巴萨"梦一队"时期，他是克鲁伊夫手下最重要的外援之一。最终在 1994 年，凭借着在欧冠和世界杯中的优异发挥，斯托伊奇科夫拿到了金球奖，这也是他与保加利亚足球的巅峰，时至今日都令人感慨不已。

Ronald Koeman
罗纳德·科曼

No.53

出生日期： 1963年3月21日
国籍： 荷兰
位置： 后卫
效力俱乐部： 格罗宁根、阿贾克斯、PSV 埃因霍温、巴塞罗那、费耶诺德
国家队数据： 78场14球

主要荣誉

1 次欧洲杯冠军
2 次欧冠冠军
4 次西甲冠军

在"荷兰三剑客"的巅峰岁月中，其实荷兰队整体的实力并没有达到独孤求败的境界，相反，即便是 1988 年欧洲杯，其夺冠之路也很艰难。其中的核心原因，就是除了那三位巨星之外，多数首发球员都是相对普通的人物，只有罗纳德·科曼与"三剑客"算是同一级别的球员，可以说正是他们四个人一起拖着球队前行。科曼在当时经常与里杰卡尔德搭档中卫组合，他扮演的是高阶清道夫的角色，在防守端周围四处扫荡，帮助队友化解对方的威胁。如果拿到球权，他的脚法也能保证将球第一时间输送给前场，球队的攻防转换显得异常丝滑，其中科曼的贡献是至关重要的。

当然作为一名历史级的清道夫，或者说所谓的"自由人"，这些都属于基本能力，而科曼个人最显著的标签，便是他的定位球能力极其出众，在众星云集的球队，往往也能扮演第一定位球手的角色。科曼职业生涯辗转多地，单赛季贡献 10 球左右是常态，得分效率甚至超过了某些锋线球员。在巴萨首夺欧冠冠军的 1991—1992 赛季，科曼在决赛中奉献了任意球绝杀，说他是巴萨欧冠首冠的头号功臣也不为过。根据不完全统计，科曼整个职业生涯，正式比赛进球数超过 250 球，放眼整个历史也几乎是空前绝后的"带刀侍卫"。后来波折的教练生涯影响了科曼整体的舆论评价，但事实上他就是足球历史上最出色的攻防转换枢纽之一，他需要得到尊重。

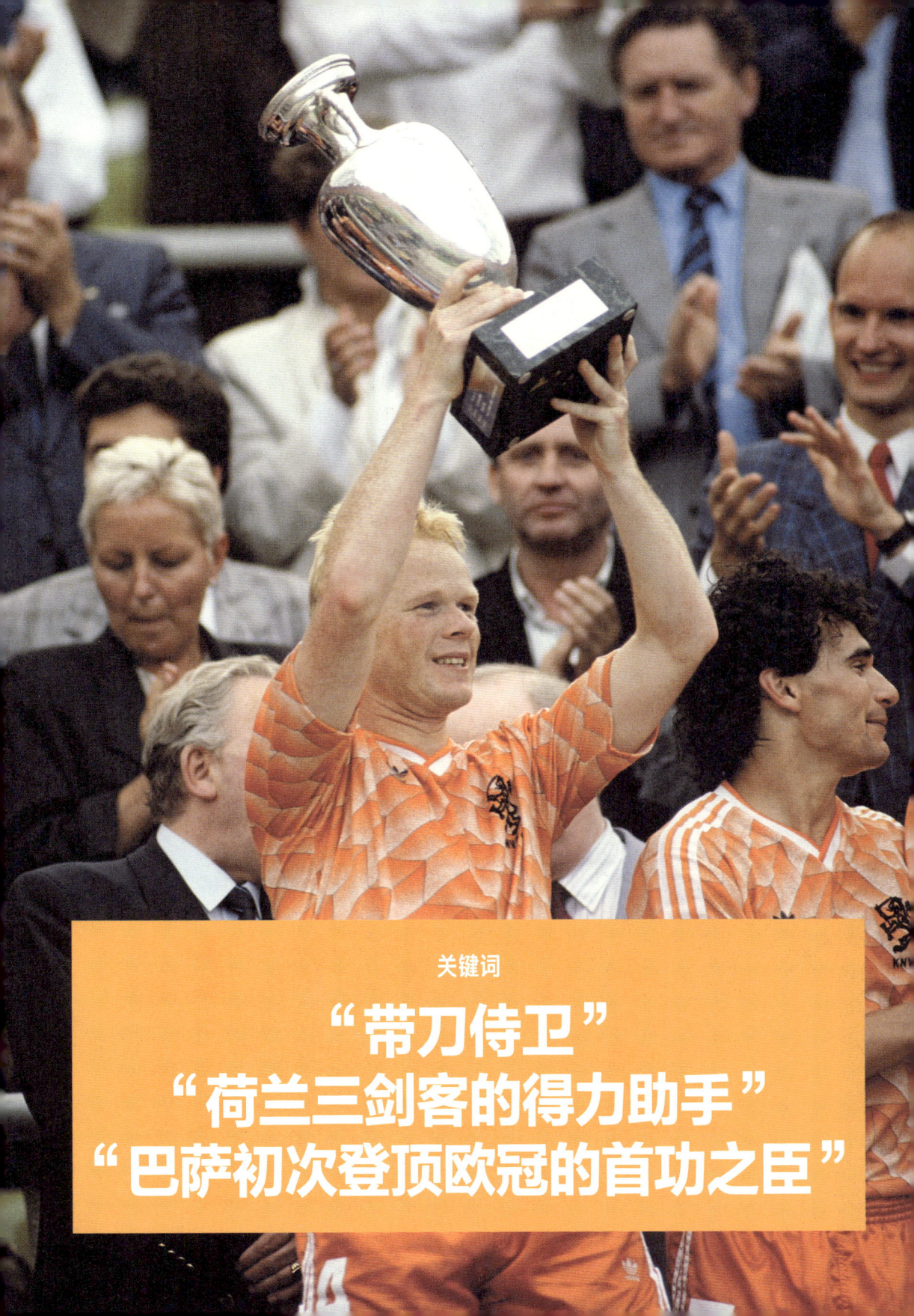

关键词

"带刀侍卫"
"荷兰三剑客的得力助手"
"巴萨初次登顶欧冠的首功之臣"

关键词

"墨西哥足坛历史第一人"
"倒钩之王" "空翻鼻祖"

Hugo Sánchez
乌戈·桑切斯

主要荣誉

1 次欧洲联盟杯冠军
5 次西甲冠军

No.54

出生日期： 1958年7月11日

国籍： 墨西哥

位置： 前锋

效力俱乐部： 墨西哥美洲狮、圣迭代哥冲击者、马德里竞技、皇家马德里、墨西哥美洲、巴列卡诺、亚特兰特、林茨、达拉斯FC、塞拉亚竞技

国家队数据： 58场29球

美洲足坛历来是魔幻之地，正如马尔克斯笔下的马孔多那般怪诞，其源源不断涌现出的异类妖星，总是在不断挑战着看客们的感官极限。墨西哥便是这种"原生态"足球的代表国度，这里的人们既热情似火又充满想象力，催生出了乌戈·桑切斯这样的旷世奇才，他是毫无争议的本国足坛头号传奇。即便后来的几十年中，墨西哥也有众多球员曾效力于欧洲足坛的豪门球队，但尚未有人达到乌戈·桑切斯的高度。他是皇马锋线的核心尖刀，不仅连续 5 年帮助球队拿下西甲冠军，个人也数次斩获西甲金靴奖。即便是巅峰时期的梅西与 C 罗，抛开彼此来看，在这个层面上最多也只是与桑切斯平分秋色。

当然所谓的荣耀与奖杯，并不是乌戈最鲜明的标签，他之所以被后世如此追捧，还是因为独树一帜的惊艳球风。乌戈幼时曾系统练习过体操的基本功，这让他在核心力量与柔韧性两个维度达到了远超其他球星的水准。他的倒钩破门数不胜数，其空中的舒展水平，以及衔接的利落程度，都具备历史级别的观感，而其超强的滞空头球能力，同样受益于曾经的基础训练。即便是他在破门之后，标志性的连续空翻动作，也不是多数球员可以比拟的。这种一气呵成的曼妙动作，是运动领域交叉融合的结果，千锤百炼之后，才诞生了独一无二的乌戈·桑切斯。

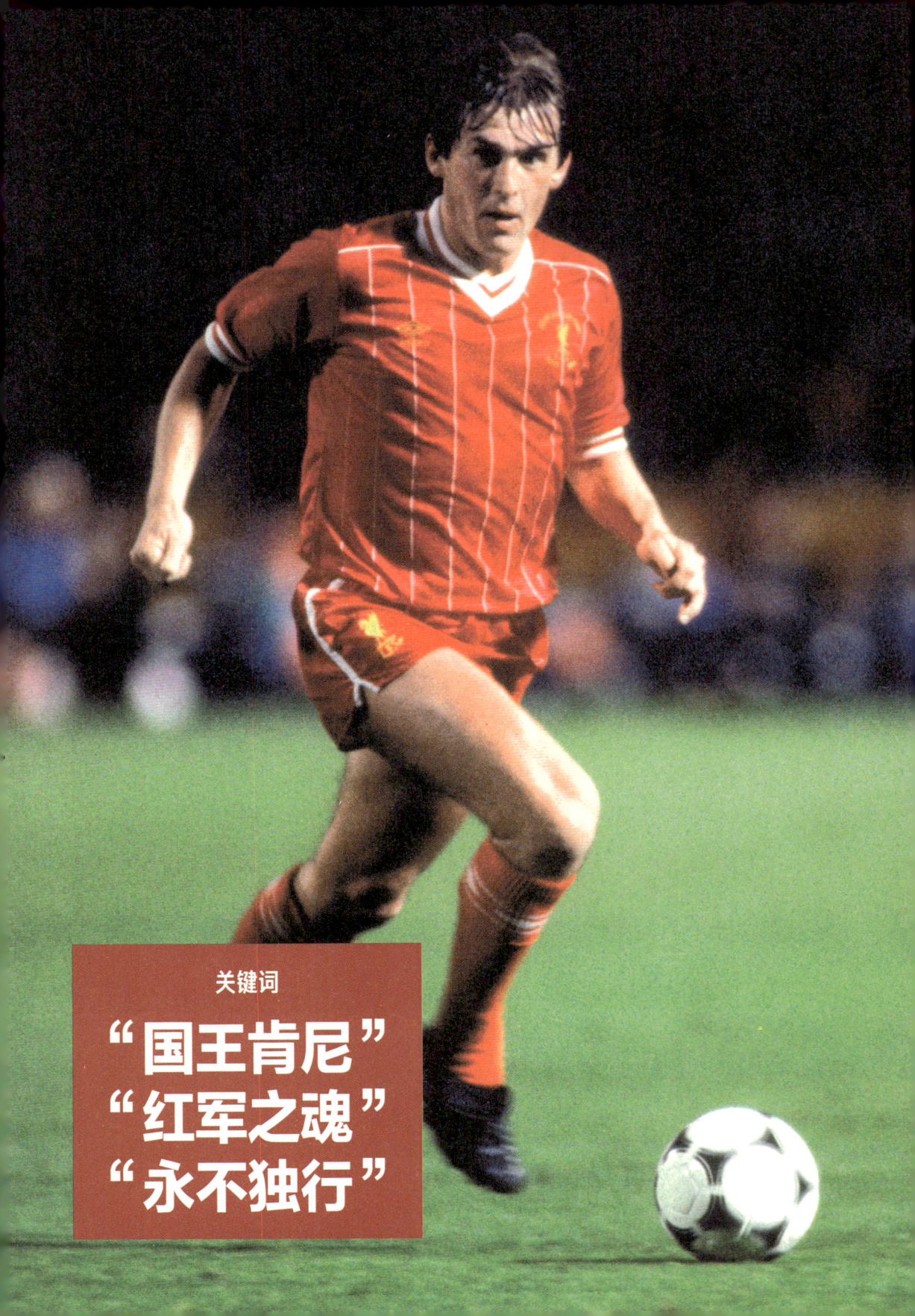

关键词

"国王肯尼"
"红军之魂"
"永不独行"

Sir Kenny Dalglish
肯尼·达格利什爵士

主要荣誉

3 次欧冠冠军
8 次英格兰顶级足球联赛冠军

出生日期：1951年3月4日
会籍：苏格兰
位置：前锋
效力俱乐部：凯尔特人、利物浦
代表队数据：102场30球

No.55

　　从克洛普时代开始，利物浦逐渐恢复了元气，重新成为主流舞台的焦点。而其花费 30 余年苦苦追寻的荣光，正是 20 世纪七八十年代，那段称霸英格兰与欧洲的巅峰岁月。在这期间，教练层面是"靴室"的传承，球星层面的荣耀几乎聚焦在一个人的身上，那便是利物浦永恒的国王——肯尼·达格利什。无论何时、何地，以何种方式在利物浦球迷内部发起投票，"国王肯尼"都是当之无愧的队史第一球星，他承载了无数人对于辉煌往昔的追忆，当那首嘹亮的《你永远不会独行》响彻安菲尔德球场，达格利什时代的一切仿佛近在眼前。

　　严格意义上来说，达格利什并非利物浦登顶欧洲的开荒者，是凯文·基冈率队一路从低谷杀出重围，于 1977 年首次称霸欧洲。然而就在那个赛季结束之后，基冈因为个人原因出走汉堡，达格利什正是他的接替者，而达格利什很快用统治级的个人表现，让球迷忘记了基冈的离开，"国王"的名号便由他一人独享。他的球风相比基冈更加细腻婉转，尽管他绝对速度不快，但更像是锋线的组织核心，持球的节奏感非常好，能够很好地把控局势，为身边的队友送出妙传。当需要他挺身而出的时候，"国王"的射术也不遑多让，多年稳定的进球效率也是球队成绩的重要保障。退役之后他曾接过利物浦的教鞭，经历了希尔斯堡惨案的切肤之痛，也曾缔造过"英甲百年梦之队"的永恒传说，洗尽铅华之后，如今他还是利物浦球迷心中那位至高无上的"国王肯尼"。

Jairzinho 雅伊济尼奥

No.56

主要荣誉

1 次世界杯冠军
1 次南美解放者杯冠军

出生日期： 1944年12月25日
国籍： 巴西
位置： 前锋
效力俱乐部： 博塔弗戈、马赛、凯撒酋长、克鲁塞罗、葡萄牙人、诺罗埃斯特体育、快速、乔治维尔斯特尔曼、十月九号
国家队数据： 81场33球

1970 年世界杯的巴西队，一直被视为有史以来最强球队之一，贝利的君临天下无须赘言，托斯唐与卡洛斯·阿尔贝托等人，也占据了主舞台的聚光灯。不过从整个球队的体系考量，结合实战中的贡献，雅伊济尼奥完全配得上更多的关注，如果说贝利是纵横捭阖的指挥官，那他就是冲锋陷阵的"火箭弹"，所到之处必是硝烟弥漫，最终直捣黄龙夺取上将首级。

当时巴西队的阵形排布与 1962 年类似，前场看似是四前锋体系，实际上由于个人特点不同，比赛中的灵活度很高。左边的里维利诺替代了 8 年前扎加洛的角色，他的横向盘带拉扯与控制节奏能力更强，位置回撤更深，类似于一个中前场衔接器的角色。右边的雅伊济尼奥，依托其强大的纵向爆破力，堪称当届赛事第一"爆点"，其持球后瞬时启动的纵向穿透力，即便与当年的加林查相比，感官上丝毫不落下风。而且相较于前辈，雅伊济尼奥直接威胁球门的比例更高，他在当届杯赛 6 场比赛中全部收获进球，至今仍保持着世界杯连续进球场次的纪录，他打出了 6 场 7 球的数据，在巴西队夺冠过程中立下了汗马功劳。尽管他的传说已经过去了半个世纪之久，但因为一些足球游戏复刻了这位"上古战神"的特质，让大家得以目睹传奇巨星的风采。

关键词

"巴西队最强的边路火箭"
"世界杯连场破门纪录保持者"

Denis Law
丹尼斯·劳

No.57

出生日期：1940年2月24日
逝世日期：2025年1月17日
会籍：苏格兰
位置：前锋
效力俱乐部：哈德斯菲尔德、曼彻斯特城、都灵、曼彻斯特联
代表队数据：55场30球

主要荣誉

1次金球奖
1次欧冠冠军
2次英格兰顶级足球联赛冠军

　　曼联作为足球世界影响力最大的俱乐部之一，尽管近些年来遭遇一些挫折，但凭借其品牌的巨大号召力，一些图腾式的球队文化符号，仍然深深植于大众球迷的认知中。从球星层面来看，20世纪60年代的曼联"三圣"，是其中传播时间最长、范围最广，也是最知名的一个巨星组合。不过在这三个人中，相较于根正苗红的博比·查尔顿与乔治·贝斯特，丹尼斯·劳多少显得像个异类。他出道于哈德斯菲尔德，是后来利物浦名帅比尔·香克利的早期门徒；在加盟曼联之前，他还在曼城短暂地效力过，后来在临近退役之际，甚至返回过曼城，并且给了曼联反戈一击。然而在岁月的洗礼之后，这些都化作所谓的逸事，丹尼斯·劳还是属于曼联的传奇，是红色回忆中永远值得歌颂的一部分。

　　在曼联"三圣"的巅峰岁月，这三位巨星的特点恰好有互补成分，查尔顿扮演球队的中场指挥官，主要负责进攻的调度与梳理；贝斯特脚下技术最为出色，其盘带与突破能力放眼整个欧洲足球史，也是顶尖的存在；丹尼斯·劳则更像一位能力全面的射手，挑起了球队的得分重担。当然，劳并非埋伏在禁区内的"偷猎者"，他个人脚下持球寻觅机会的能力同样很强，再结合一些对球门的直接威胁，显然成为防守球员的噩梦。最终在三人的通力合作下，曼联拿到了队史第一座欧冠奖杯。

关键词

"曼联三圣"
"全面的得分机器"

关键词

"3R组合"
"父子同场进球"

Rivaldo
里瓦尔多

No.58

主要荣誉

1 次金球奖
1 次世界杯冠军
1 次美洲杯冠军
1 次欧冠冠军
2 次西甲冠军
1 次意甲冠军

出生日期： 1972年4月19日
国籍： 巴西
位置： 中场
效力俱乐部： 圣克鲁斯、莫日米林、科林蒂安、帕尔梅拉斯、拉科鲁尼亚、巴塞罗那、AC米兰、克鲁塞罗、奥林匹亚科斯、雅典AEK、本尤德科、圣保罗、卡布斯科普、圣卡埃塔诺
国家队数据： 76场35球

20世纪末的世界足坛曾经涌现了众多天赋异禀的进攻型中场，巴西人里瓦尔多就是其中的佼佼者。少年时的里瓦尔多曾因贫困的家境和父亲的去世而一度想要放弃足球，但母亲的坚持和俱乐部的认可最终让里瓦尔多坚持了下来。在巴西国内踢出名堂之后，里瓦尔多在1996年加盟拉科鲁尼亚，并很快就成为在西班牙家喻户晓的球员，一年之后里瓦尔多加盟巴萨，并迅速成为球队的核心。

1999年，里瓦尔多帮助巴萨拿到西甲两连冠，更是在美洲杯赛场打进5球，帮助巴西队夺冠的同时获得赛事最佳射手，这样的表现也让他最终获得了当年的金球奖。3年之后的世界杯，他与罗纳尔多、罗纳尔迪尼奥组成"3R组合"，帮助巴西队夺冠，在球衣上绣上了第五颗星。2015年，已经退役一年多的里瓦尔多还曾宣告复出，与儿子里瓦尔迪尼奥完成了父子同场进球的壮举，算是给自己辉煌的职业生涯画上了一个圆满的句号。

Gaetano Scirea
加塔诺·西雷阿

出生日期： 1953年5月25日
逝世日期： 1989年9月3日
国籍： 意大利
位置： 后卫
效力俱乐部： 亚特兰大、尤文图斯
国家队数据： 78场2球

主要荣誉

**1 次世界杯冠军
1 次欧冠冠军
1 次欧洲联盟杯冠军
1 次欧洲优胜者杯冠军
7 次意甲冠军**

　　意大利足坛盛产后卫，各个位置都可谓人才辈出，鼎鼎大名的法切蒂、巴雷西、马尔蒂尼与内斯塔等人，多数球迷都有耳闻。不过在意大利本土，很多人都认为西雷阿才是真正意义上的"第一后卫"。由于中国球迷接触欧洲足球相对较晚，加上其他一些传播因素的制约，国内对于西雷阿这个名字相对陌生，但他的威名始终闪耀在历史长河之中，为诸多后辈所敬仰。作为一名"自由中卫"，也就是大众称呼的清道夫，他不仅是意大利队拿下1982年世界杯冠军的核心，还曾率领尤文图斯拿下欧冠、欧洲联盟杯和欧洲优胜者杯冠军，实现了所谓的"三大杯"全满贯。在他活跃的岁月中，尤文图斯更是意大利足坛的绝对霸主（仅他本人就曾7次拿下意甲冠军），坐稳了亚平宁的霸主之位。

　　同那些顶尖清道夫一样，西雷阿并不是靠冲锋陷阵去指挥防线，他的预判能力极其出色，总能感知到危险的来临，进而提前到位，轻描淡写地化解危机。这也让他的球风显得非常从容，颇具"优雅卫士"的风范，即便强如弗朗哥·巴雷西，当年也因为西雷阿的存在，迟迟无法在意大利队获得稳定位置，一直等到他淡出才接班。只可惜天妒英才，1989年刚刚退役不久的西雷阿，在去看比赛的途中遭遇车祸，生命定格在了36岁。因此他的声名传播受到了影响，不过历史会记住西雷阿的贡献，后卫中的王者，永垂不朽。

No.59

关键词

"最伟大的清道夫"
"英年早逝的传奇"

关键词

"28年的职业生涯"
"门将历史转会费纪录"

Gianluigi Buffon
詹路易吉·布冯

主要荣誉

1 次世界杯冠军
1 次欧洲联盟杯冠军
10 次意甲冠军
1 次法甲冠军

No.60

出生日期：1978年1月28日

国籍：意大利

位置：门将

效力俱乐部：帕尔马、尤文图斯、巴黎圣日耳曼

国家队数据：176场0球

　　从 1995 年到 2023 年，布冯 28 年的职业生涯长度，已经是其他球员的两倍乃至好多倍了，而更为难能可贵的是，这 28 年中的大部分时间，他都是当世足坛最为出色的门将之一。17 岁踏上意甲赛场，20 岁进入意大利队世界杯大名单，21 岁夺得欧洲联盟杯冠军，布冯毫无疑问是一位天才门将。

　　2001年，布冯以5288万欧元的天价转会费加盟尤文图斯，打破了当时的门将历史转会费纪录。而事实证明，尤文图斯的投资并没有错，布冯在门线上的稳定表现为球队带来了 10 个意甲冠军。2006 年世界杯，意大利队在"电话门"事件的影响下哀兵出征，但布冯和队长卡纳瓦罗等人一起组成的钢铁防线护送着球队最终捧得大力神杯，7 场比赛，布冯没有让对方的球员完成过哪怕一次运动战破门。虽然终其职业生涯没能圆了欧冠的梦想，在职业生涯的最后时刻也没能帮助帕尔马重返意甲，但这些遗憾无法掩盖布冯 28 年职业生涯的辉煌成就，他永远是足坛历史上最优秀的门将之一。

关键词

"德国三驾马车"
"无差别双足"
"定位球专家"

Andreas Brehme
安德烈亚斯·布雷默

No.61

主要荣誉

1次世界杯冠军

1次欧洲联盟杯冠军

出生日期：1960年11月9日

逝世日期：2024年2月20日

国籍：德国

位置：中场、后卫

效力俱乐部：乌伦霍斯特、萨尔布吕肯、凯泽斯劳滕、拜仁慕尼黑、国际米兰、萨拉戈萨

国家队数据：86场8球

　　在足球世界中，球员往往位置越靠前受到的关注度越高，攻击型球员受关注度高于防守型球员，早就是圈内公开的秘密。一些由几名球星构成的小团体，例如大家非常熟悉的"荷兰三剑客"，范巴斯滕和古利特，作为球员时所谓的历史地位，显然要高过里杰卡尔德。事实上，同期的"德国三驾马车"也是如此，舆论更多聚焦在克林斯曼与马特乌斯身上，而作为主踢边后卫的布雷默，受到的关注要少很多，但他的特质同样突出，不应该被后世遗忘在角落里。

　　布雷默主打的位置是左后卫，尽管他的绝对速度一般，但上下往返的速度相当出众，长期覆盖边路走廊属于常规操作。更为重要的是，作为一名后卫球员，他的脚法丝毫不逊于身前的诸多明星队友。从其日常的动作运用来看，根本无法分清他是左脚球员还是右脚球员。即便主罚他最擅长的定位球，也是左右脚自如切换。1986年世界杯半决赛，布雷默用左脚踢出的任意球给了法国队当头一棒；1990年世界杯决赛，当球队拿到足以决定命运的点球时，他又换成了右脚劲射一箭穿心。当一支球队拥有能力如此出众，同时具备大心脏的球员，收获胜利与荣耀只是时间问题，布雷默就这样与他的队友一起，开创了属于自己的时代。

László Kubala
罗兹洛·库巴拉

主要荣誉

4 次西甲冠军

出生日期：1927年6月10日

逝世日期：2002年5月17日

国籍：捷克斯洛伐克、匈牙利、西班牙

位置：前锋

效力俱乐部：甘兹、费伦茨瓦罗斯、布拉迪斯拉发、沃绍什、柏迪亚、匈牙利人、巴塞罗那、都灵、西班牙人、苏黎世、多伦多猎鹰

国家队数据：6场4球（捷克斯洛伐克队）、3场0球（匈牙利队）、19场11球（西班牙队）

---

　　20 世纪 50 年代的匈牙利足球虽然名噪一时，但这时的匈牙利队并非完全体，因为早在"黄金一代"横扫千军之前，一位同时代的天才新星就已经离开了故土，这便是后来在巴萨扬名立万的库巴拉。早在 20 世纪 40 年代末，库巴拉因为嗅到了一些不同的气息，便选择前往海外踢球，几经辗转才在西班牙扎下了根。当时的巴萨还远不是今天的顶尖豪门，而库巴拉的到来，逐步改变了球队的命运。

　　从踢法与类型来看，库巴拉是主导全局的核心人物，与皇马时期的迪斯蒂法诺，以及匈牙利队的普斯卡什一样。库巴拉初来乍到就率队拿下了西甲两连冠，后来即便皇马组建了"银河战舰"，库巴拉与他的队友还是硬生生地从皇马手中又夺走了两个西甲冠军。只可惜在谢幕之时，1960—1961 赛季的欧冠决赛，他与两位同乡柯奇士、齐博尔一起，没能抵挡住本菲卡来势汹汹的冲击。本场决赛的举办地是瑞士伯尔尼的范可多夫球场，匈牙利人在这里似乎永远无法解开心结，7 年前的世界杯决赛，匈牙利队就在这座球场遭遇联邦德国队的逆转，无缘问鼎世界杯。当然对于库巴拉来说，10 年巴萨岁月，他早已奉献了一切。作为一名巴萨的球员，论个体对球队的贡献，除梅西之外，谁也无法真正逾越这位匈牙利传奇。

关键词

"匈牙利遗珠"
"巴萨初代国王"

No. 62

Oleg Blokhin
奥列格·布洛欣

关键词

"音速战神"
"乌克兰足球初代图腾"

No.63

出生日期：1952年11月5日
国籍：苏联
位置：前锋
效力俱乐部：基辅迪那摩、施泰尔前锋、阿里斯利马索尔
国家队数据：112场42球

> **主要荣誉**
>
> **1 次金球奖**
> **2 次欧洲优胜者杯冠军**
> **8 次苏联顶级足球联赛冠军**

　　苏联队的足球水平，在很长的历史时期内一直居于世界前列，然而其内部其实也有分化。在20世纪60年代的辉煌岁月中，以雅辛、舍斯捷尔尼奥夫、瓦伦丁·伊万诺夫为首的一批核心都是俄罗斯球员。不过在十余年之后，随着名帅洛巴诺夫斯基的崛起，乌克兰球员几乎占据了苏联队的大半壁江山，时至1988年欧洲杯达到了最巅峰。其中，个人能力最为出众、生涯成就最高的球星，当数奥列格·布洛欣。

　　布洛欣最大的特质是运动能力极强，他的百米冲刺速度，放眼整个足球历史也是数一数二的存在，堪称绿茵场上的"音速战神"。他在年轻时甚至被田径教练作为短跑后备力量培养，这位教练后来带出了1972年奥运会男子100米、200米双料冠军博尔佐夫，其眼光可见一斑。在绝对速度的加持下，球性本就超然的布洛欣如鱼得水，他高速持球突破如入无人之境，往往狂奔数十米直捣黄龙，防守球员只能目送球入网。既然能力如此出众，进球对他来说是水到渠成，苏联队历史射手王、苏联顶级足球联赛历史射手王，就是其能力的最好体现。在1975年，他率领基辅迪那摩拿下了欧洲优胜者杯的冠军，并在年底斩获了金球奖，就此登上了足球历史的荣耀殿堂。

关键词

"米兰城的忠魂"
"足坛历史最伟大的中卫之一"

Franco Baresi
弗朗哥·巴雷西

No.64

主要荣誉

1 次世界杯冠军
3 次欧冠冠军
6 次意甲冠军

出生日期：1960年5月8日
国籍：意大利
位置：后卫
效力俱乐部：AC米兰
国家队数据：81场1球

　　米兰城，"红黑军团"，忠诚的故事在这里世代传承。对于如今的多数球迷来说，保罗·马尔蒂尼就是这座城市的图腾，是"一生一队"的代名词。马尔蒂尼的伟岸与忠诚固然值得钦佩，但我们也不能忘记，在他之前的老队长弗朗哥·巴雷西，同样有着一段超过20年的坚守岁月，而他所经历的波折，可能是后辈难以想象的。巴雷西出道之初，AC米兰正经历着后里维拉时代的阵痛，球队因为卷入一起窝案，以及自身实力下降，在20世纪80年代初两次降级。当时的后防中坚科洛瓦蒂选择出走国际米兰，弱冠之年的巴雷西却选择了坚守，熬过了漫漫长夜之后，这才等来了贝卢斯科尼与"荷兰三剑客"，迎来了AC米兰的复兴。

　　从竞技层面来说，巴雷西的职业生涯跨越了两个截然不同的时代，同样堪称传奇。20世纪80年代，足坛主流的防守框架还是盯人体系，巴雷西长期司职清道夫的角色。作为一名顶尖的意式中卫，他凶狠中透着优雅，勇猛而睿智，面对夺下球权的机会总会毫厘不让，尽管1.75米左右的身高并不突出，但他通过预判和果敢的出击弥补了这一缺憾。与此同时，清道夫往往需要扮演攻守转换枢纽的角色，拿到球权之后一脚出球发起进攻，这是必备的素质，巴雷西自然深谙此道。由于其全面的能力，萨基在意大利足坛掀起区域防守改革之后，巴雷西在"442阵形"中仍然是顶尖的双中卫之一，可见能力优秀的球员足以超越时代的桎梏。他与科斯塔库塔、马尔蒂尼、塔索蒂的组合，堪称足坛历史上最为经典的四人防线，甚至没有之一。

Sócrates
苏格拉底

主要荣誉

1次美洲杯亚军
1次美洲杯季军

No.65

出生日期：1954年2月19日
逝世日期：2011年12月4日
国籍：巴西
位置：中场
效力俱乐部：博塔弗戈SP、科林蒂安、佛罗伦萨、弗拉门戈、桑托斯、加福斯镇
国家队数据：60场22球

　　无论足球世界如何风云变化，经典的表演是历久弥新的，1982年世界杯上的巴西队，尽管被功利体系斩于马下，然而其所奉献的艺术盛宴，对后世的影响力甚至超越了最终夺冠的意大利队。以济科、苏格拉底为首的中场四人组，那顺滑的曼妙传切，时至今日都难有后辈完成超越。如果说济科更偏锋线，法尔考的覆盖任务较重，塞雷佐承担托底的职责，那么这场视觉盛宴的主角，也许就是苏格拉底。

　　作为身高超过1.90米的中场球员，苏格拉底在任何时代都称得上是巨人，然而他的持球感觉给人以视觉的享受，高昂的头颅、挺拔的身姿，俨然一副指挥官的模样。其停球、拧拉、转身推进可谓一气呵成，丝毫没有影响观感。时至今日在"足坛巨人"中，在高速持球传跑中能达到此种境界的，甚至找不出第二位。在球场之外，苏格拉底还被称为"智者"，他从小接受的教育还算不错，在踢球期间甚至获得了医学类的博士学位，退役之后从事与药物研究相关的工作，如此文武双全的大师着实令人惊叹。

关键词

"艺术大师"
"足球智者"

Sandro Mazzola
桑德罗·马佐拉

No.66

主要荣誉

1 次欧洲杯冠军
2 次欧冠冠军
4 次意甲冠军

出生日期： 1942年11月8日
国籍： 意大利
位置： 前锋
效力俱乐部： 国际米兰
国家队数据： 70场22球

　　米兰城永远不缺乏忠诚的故事，AC 米兰流传着巴雷西与马尔蒂尼的传说，国际米兰也不遑多让，贝尔戈米与萨内蒂的名字早已与俱乐部的血脉融为一体，成为后辈敬仰的对象。而比他们更早的图腾，便是"大国际时代"的锋线核心，意大利"星二代"桑德罗·马佐拉。他的父亲瓦伦迪诺·马佐拉，是 20 世纪 40 年代"都灵神之队"的灵魂人物，甚至具备成为"球王"的潜质，可惜 1949 年的苏佩加空难终结了这一切。其子桑德罗继承了他的遗志，延续了家族在绿茵场上的荣光。

　　桑德罗·马佐拉是锋线上一位极具冲击力的球员，其持球突破撕裂防线的能力，在同时代的足坛鲜有人能出其右，这样的纵向输出是任何球队破局的利器。他在国际米兰出道之后，就赶上了球队中最为辉煌的一段岁月，他与法切蒂、路易斯·苏亚雷斯等人一起，称霸意大利足坛，拿下欧冠两连冠，缔造了所谓的"大国际时代"。同时期他在国家队的造诣也颇为深厚，1968 年帮助意大利队首夺欧洲杯冠军，1970 年世界杯也斩获亚军，他与里维拉两个十号球员之争，也成为世界杯历史上的一段佳话。值得一提的是，在 20 世纪 70 年代末，马佐拉就曾随国际米兰访问中国，是最早一批来到中国球迷身边的历史级巨星，也算是国内球迷接触西方高水平足球的开端。

关键词

"国际米兰的象征"
"大国际时代的旗手"

关键词

"葡萄牙队黄金一代"
"边前腰的开创者"

Luís Figo
路易斯·菲戈

No.67

> **主要荣誉**
> 1 次金球奖
> 1 次欧冠冠军
> 4 次西甲冠军
> 4 次意甲冠军

出生日期： 1972年11月4日
国籍： 葡萄牙
位置： 中场
效力俱乐部： 葡萄牙体育、巴塞罗那、皇家马德里、国际米兰
国家队数据： 127场32球

在 20 世纪，一支球队的核心球员总是被认为应该出现在更靠近中路的位置，来指挥全队的进攻或者完成最后一击。但 20 世纪末菲戈的出现让人们开始认识到，一名边路球员同样可以成为球队的进攻核心。菲戈出自葡萄牙体育青训，16 岁时便完成了职业生涯首秀，1995 年加盟巴萨更是让他逐渐成为当时足坛最出色的球员。

菲戈拥有极为全面的技术，左右脚能力均衡，既可以在边路持球突破，也可以内收组织串联，可以说在巅峰期，菲戈几乎没有技术上的短板，让对手极难防守。所以菲戈虽然主要在边路活动，但却是球队绝对的进攻核心，可以说是"边前腰"的开创者。2000 年欧洲杯，菲戈带领葡萄牙队"黄金一代"打进四强，虽然同年夏天从巴萨转会皇马给他带来了很多争议，但他的表现并未受影响，并在 2000 年拿到了金球奖的荣誉。虽然 2004 年欧洲杯和 2006 年世界杯还是留下了遗憾，但菲戈依旧作为葡萄牙队"黄金一代"的代表人物而被载入足坛史册。

关键词

"高卢雄鸡的队长"
"最扎实的防守型中场"

Didier Deschamps
迪迪埃·德尚

No.68

主要荣誉

1 次世界杯冠军
1 次欧洲杯冠军
2 次欧冠冠军

出生日期： 1968年10月15日
国籍： 法国
位置： 中场
效力俱乐部： 南特、马赛、波尔多、尤文图斯、切尔西、瓦伦西亚
国家队数据： 103场4球

　　同罗纳德·科曼一样，如今的德尚之所以声名显赫，主要得益于其教练生涯。执掌世界顶尖的国家队超过十年，每隔一段时间自然就会处于风口浪尖，以至于多数球迷更关注他的执教水平，慢慢忘记了他曾经也是一名绿茵场上的统帅。迪迪埃·德尚，他可能是这份榜单中极为特殊的存在，在大师云集的中场位置，他能以防守型球员的姿态入围，必然有其独到之处，而他作为球员的这些闪光点，不应随着教练生涯的延续而被人淡忘。

　　德尚作为一名防守型中场，核心职责自然是为身边的天才队友保驾护航，不过与坎特、卡塞米罗等球员不同的是，德尚既没有出众的身体素质，运动能力也相对一般，看上去似乎平平无奇。不过，通过比赛就可以发现，他对于场上变化的阅读非常到位，能够做好预判并提前到位，进而完成精准的抢断。而且获得球权之后，他第一时间的出球也很果断，时常一脚短传就能找到队友，由齐达内这样的人物去组织进攻，他再投入下一次球权的争夺当中。另外，球员时期的德尚就具备超强的领袖能力，1998 年世界杯和 2000 年欧洲杯，他都是以队长之姿君临天下，后来能作为主帅执教法国队十余年，与这一特质不无关系。

Andriy Shevchenko
安德烈·舍甫琴科

No.69

主要荣誉

1 次金球奖
1 次欧冠冠军
1 次意甲冠军

出生日期： 1976年9月29日

国籍： 乌克兰

位置： 前锋

效力俱乐部： 基辅迪纳摩、AC米兰、切尔西

国家队数据： 111场48球

　　从俱乐部到国家队，舍甫琴科的成就都是站在了乌克兰足球的顶峰。舍甫琴科出生于乌克兰首都基辅，10岁加入基辅迪纳摩青训营，在这家乌克兰豪门俱乐部他迅速成长为了这个国度最出色的球员，并在1999年披上了AC米兰的红黑色球衣。在意甲赛场，舍甫琴科的发挥异常稳定，前两个赛季交出的都是24球、4次助攻的成绩单，他以出众的效率和冲击力而被称为"核弹头"。虽然此后受伤病困扰状态下滑，但在2003—2004赛季，舍甫琴科再度在意甲打进24球，帮助球队拿到意甲冠军，并荣膺当年的金球奖。

　　在国际赛场，舍甫琴科更是一直在带领国家队创造历史，2006年，舍甫琴科终于圆了乌克兰队的世界杯梦想，并且第一次参加正赛就打进八强。2012年，舍甫琴科在本土举办的欧洲杯上梅开二度，打进了乌克兰队欧洲杯正赛的首球，虽然乌克兰队最终在第一次欧洲杯正赛之旅中小组出局，舍甫琴科也随即退役，但他的影响会在乌克兰一代又一代的足球人中一直扩大下去。

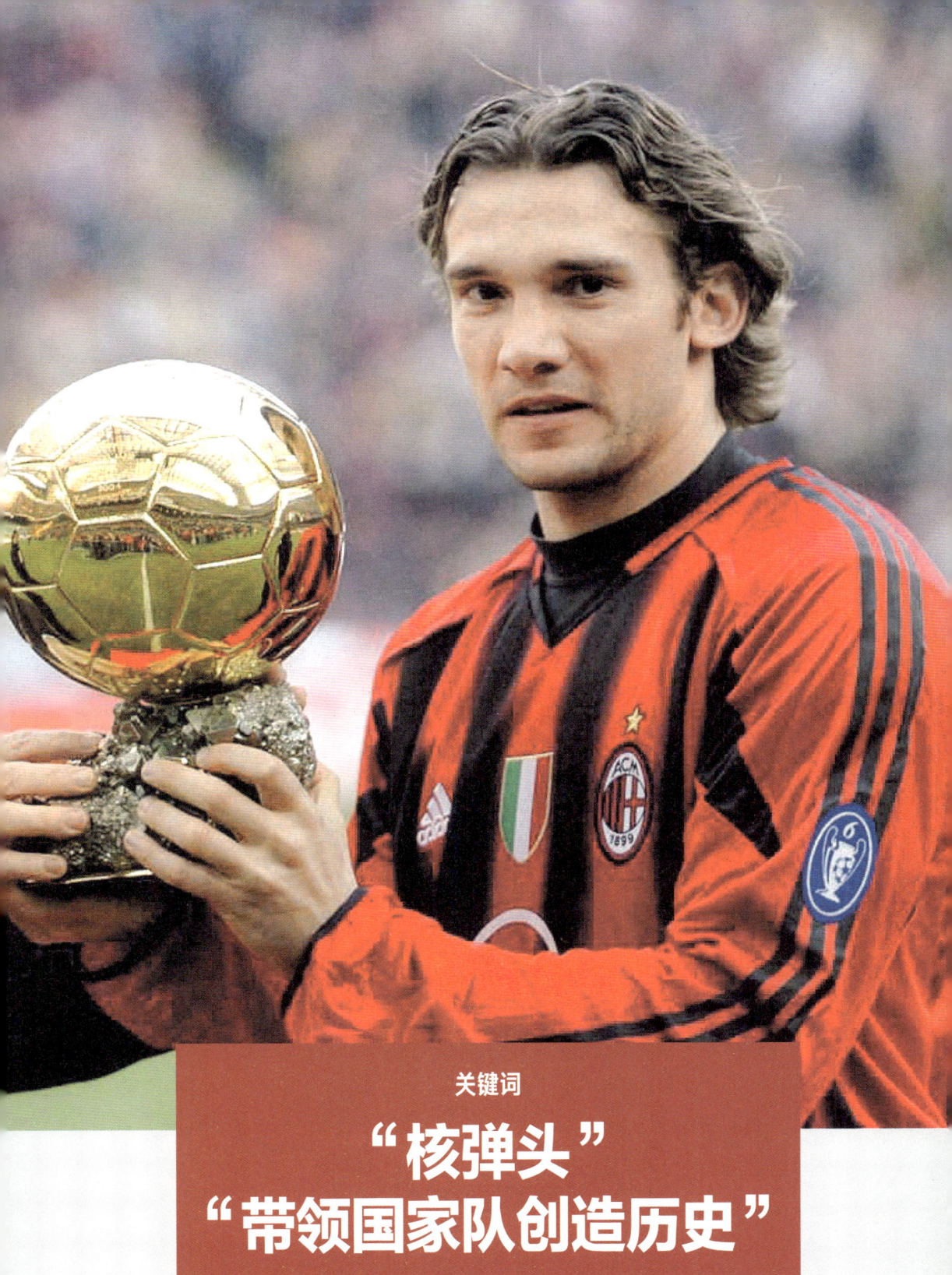

关键词

"核弹头"
"带领国家队创造历史"

关键词

"四小天鹅"
"金球奖历史上第二年长的获奖球员"

Karim Benzema
卡里姆·本泽马

No.70

主要荣誉

1 次金球奖
1 次欧国联冠军
5 次欧冠冠军
4 次西甲冠军
4 次法甲冠军

出生日期：1987年12月19日
国籍：法国
位置：前锋
效力俱乐部：里昂、皇家马德里、吉达联合
国家队数据：97场37球

　　本泽马出生于里昂的一个阿尔及利亚裔家庭，9岁时他就凭借着出众的天赋加入了里昂青训。17岁这一年，本泽马开始了他的巨星之路，代表里昂完成首秀并收获法甲冠军，同时与梅内、本阿尔法和纳斯里一起收获了U17欧青赛冠军，他们一同被称为法国"四小天鹅"，当时本泽马是4个人里上场机会最少的，而最终他的成就却远远超过另外3人。

　　本泽马于2009年加盟皇马，但他的光芒却完全被C罗掩盖，此后贝尔也来到皇马，本泽马与他们一同组成了"BBC组合"，但他依旧只是人们口中的绿叶。而在C罗离开、贝尔状态下滑之后，本泽马开始证明自己同样可以作为核心带领球队前进。2021—2022赛季，本泽马在西甲打进27球、助攻12次，帮助皇马拿下欧冠冠军和西甲冠军，同时也帮助法国队拿到了欧国联冠军，最终本泽马在当年以34岁290天的年龄成为金球奖历史上第二年长的获奖球员。没有人不想当红花，只是有的人心甘情愿成为绿叶。

Daniel Passarella
丹尼尔·帕萨雷拉

主要荣誉
2 次世界杯冠军

No.71

出生日期：1953年5月25日
国籍：阿根廷
位置：后卫
效力俱乐部：萨米恩托、河床、佛罗伦萨、国际米兰
国家队数据：70场22球

2022 年岁末，梅西在卡塔尔捧起大力神杯，也成为阿根廷队历史上第三位世界杯冠军队长。每念及此，马拉多纳的名字都会被提及，不过人们也应该记住阿根廷队的首位冠军队长——丹尼尔·帕萨雷拉。尽管在 1978 年世界杯上，阿根廷队作为东道主球队饱受争议，个别比赛的进程确实不合乎常理，不过部分球员的场上发挥，还是得到了大众认可。锋线上摧城拔寨的是马里奥·肯佩斯，镇守后防的就是队长帕萨雷拉，他也是南美足坛历史上最著名的中卫之一。

帕萨雷拉是阿根廷足坛极有特质的矮个子中卫，1.70 米的身高，核心力量却极其出色，其爆发力令人咋舌，冲顶挤压抢头球的能力超越了很多大个子球员。除此之外，帕萨雷拉的脚法也很出众，当球队踢盯人体系的时候，他就扮演清道夫的角色，出球组织进攻，甚至前插一试身手，对他来说都是常规操作。其定位球脚法也非常出色，据不完全统计，帕萨雷拉整个职业生涯打进了 130 多球，也算顶级的"带刀侍卫"了。只可惜在 1986 年世界杯期间，他与主帅比拉尔多以及核心马拉多纳的关系不佳，尽管随队捧回了冠军奖杯，但没有获得哪怕一分钟的出场时间，老队长的境遇多少令人唏嘘。

关键词

"阿根廷队冠军队长"
"南美著名带刀侍卫"

关键词

"1.76米的中后卫"
"连续捧得世界杯和金球奖"

Fabio Cannavaro
法比奥·卡纳瓦罗

出生日期： 1973年9月13日
国籍： 意大利
位置： 后卫
效力俱乐部： 那不勒斯、帕尔马、国际米兰、尤文图斯、皇家马德里、沙特国民、西里古里
国家队数据： 136场2球

No.72

主要荣誉

1次金球奖
1次世界杯冠军
1次欧洲联盟杯冠军
2次西甲冠军

　　一名1.76米的中后卫，如果放到当今足坛，这个身体条件加这个位置可能都不太好找到好球队。但1.76米的卡纳瓦罗却成为足坛历史上最出色的中后卫之一，与人高马大的传统中卫不同，卡纳瓦罗的防守依靠的是灵敏的反应能力、出色的站位判断能力以及极高的比赛智商。他总是能在最关键的时刻预测对方的进攻路线，提前做出防守动作，规避身高上的劣势。他的成功体现了何为防守的艺术。

　　卡纳瓦罗出道于家乡球队那不勒斯，此后效力帕尔马、国际米兰和尤文图斯三支意甲豪强，随着比赛增多、年龄增长，他在防守端的经验也积攒得越发丰富。2006年，33岁的卡纳瓦罗也终于迎来了厚积薄发的时刻。他作为队长，带领赛前因"电话门事件"而不被看好的意大利队一路过关斩将，7场比赛他所在的防线只丢了一个乌龙球和一个点球，最终成就了卡纳瓦罗一年之内连续捧得世界杯和金球奖。

Luigi Riva
路易吉·里瓦

No.73

出生日期：1944年11月7日
逝世日期：2024年1月22日
国籍：意大利
位置：前锋
效力俱乐部：莱尼亚诺、卡利亚里
国家队数据：42场35球

主要荣誉

1 次欧洲杯冠军
1 次世界杯亚军
1 次意甲冠军

　　意大利足球虽然被贴上了功利主义的标签，但其骨子里还残存着些许浪漫气息，进而才能涌现出梅阿查、里维拉、罗伯托·巴乔、托蒂这些传说般的进攻天才。不过就传统中锋领域而言，尽管一些球星各具特色，但意大利似乎很少出现历史级别的巨星，真正能让后世惊叹的，也许只有他们的意大利队历史射手王路易吉·里瓦了。作为一名前锋，他仅仅代表国家队出场 42 次就打进 35 球，接近场均一球的效率，即便放在崇尚进攻的国家队，这样的水准仍然不同凡响。

　　里瓦是非常标准的全能战士，符合球迷对标准中锋的一切认知，他高大威猛且孔武有力，一脚劲射几乎能洞穿所有防线。在核心力量的加持下，他的空中球能力也很出众，时常能够力压防守人完成终结。而在这些基本操作之余，他的内心还有些细腻的想法，时常会展示出脚下的花活，甚至完成一些高难度的杂耍破门，后世球迷确实难以再看到这般全面的意大利中锋了。更加难能可贵的是，里瓦几乎一生坚守在小球队卡利亚里，并且率队在 1969—1970 赛季奇迹般地拿下意甲冠军，而且当赛季球队在 30 场比赛中仅丢掉 11 球，至今仍是五大联赛单赛季失球数的最少纪录。怎奈伤病的摧残是不可逆的，里瓦在 32 岁那年就被迫离开了绿茵场，不然他会给球迷带来更多令人震撼的表演。

关键词

"意大利队史射手王"
"卡利亚里永远的英雄"

关键词

"日耳曼的艺术家"
"门兴走出的天才"

Günter Netzer
冈特·内策尔

出生日期： 1944年9月14日
国籍： 德国
位置： 中场
效力俱乐部： 门兴格拉德巴赫、皇家马德里、苏黎世草蜢
国家队数据： 37场6球

No.74

主要荣誉

1次世界杯冠军
1次欧洲杯冠军

　　德国足球一直是欧洲力量派的代表，其中场球员往往都是凶悍刚猛的类型，诸如生涯中前期的贝肯鲍尔、马特乌斯、巴拉克等人，无一例外都具有类似的标签。不过在这片硬汉当道的土地上，还是出现过几位绣花型的艺术家，年轻球迷比较熟悉的可能是马里奥·格策，而在半个世纪之前，冈特·内策尔曾经靠着脚下的戏法名动天下，他就是德国人自己的约翰·克鲁伊夫。

　　20世纪70年代的联邦德国足坛，主要有拜仁慕尼黑与门兴格拉德巴赫两大豪门，贝肯鲍尔与盖德·穆勒是前者的旗帜，后者则是以内策尔、福格茨与海因克斯等人为核心。其中内策尔是球队的中场核心，他潇洒的球风结合飘逸的长发，动态之中令人如痴如醉。即便是在联邦德国队，1972年欧洲杯时，他仍是主导球权的唯一核心，那年帮助球队登顶欧洲之后，他也只是以极其微弱的劣势，在金球奖投票中输给了贝肯鲍尔。可惜1973年内策尔选择加盟皇马，在当时离开国内联赛，约等于放弃了国家队的核心位置，所以在1974年世界杯，内策尔被严重边缘化，纵有一身才华却沦为老队友福格茨的陪练。他对于这座大力神杯的唯一贡献，也许就是在针对性训练中模拟克鲁伊夫的脚法，这是何等的黑色幽默，也反映了他在那个时代已经渐渐被人遗忘的现实。

关键词

"民主德国的恺撒大帝"
"最后的王牌清道夫"

Matthias Sammer
马蒂亚斯·萨默尔

出生日期：1967年9月5日

国籍：德国

位置：中场、后卫

效力俱乐部：德累斯顿迪纳摩、斯图加特、国际米兰、多特蒙德

国家队数据：23场6球（民主德国队）、51场8球（德国队）

No.75

主要荣誉

1次金球奖

1次欧洲杯冠军

1次欧冠冠军

讨论德国足球的历史时，球迷一般只关注联邦德国队的部分，民主德国队由于成绩一般、球星稀少，与联邦德国队比起来，确实没有多少亮点。不过萨默尔的出现令人为之一振，民主德国队也拥有了真正的巨星，不过历史的进程不随人的意志改变，在他23岁那年一切都结束了，萨默尔成为统一之后的德国队球员，曾经那独特的烙印也随着时光的流逝，越来越浅了。

如今很多人把他单纯定义为所谓的清道夫，这是失之偏颇的，其实在萨默尔生涯的中前期，在他身体机能尚在巅峰的阶段，甚至可以称得上攻击手，中前场多个位置都可以胜任，而且那些年他的进球效率颇为不俗，完全不是一名防守球员。后来由于年龄增大，他也跟贝肯鲍尔与马特乌斯一样，深度回撤成为指挥防线的清道夫。再加上1996年欧洲杯时，马特乌斯与埃芬博格因为种种原因无缘大名单，萨默尔才临危受命承担了关键角色。那届欧洲杯是他生涯的光辉时刻，德国队主帅福格茨恪守传统的盯人体系，萨默尔俨然继承了贝肯鲍尔的衣钵，承担攻防两端的任务满场飞奔，是当仁不让的队内灵魂。最终德国队成功问鼎，他也拿到了德国球员迄今为止最后一个金球奖。20世纪末德国足坛开始了区域防守的改革，加上萨默尔因伤在31岁时就选择退役，那些关于清道夫的传说也就永远成为历史，"最后的王牌"让球迷领略了时代的风采。

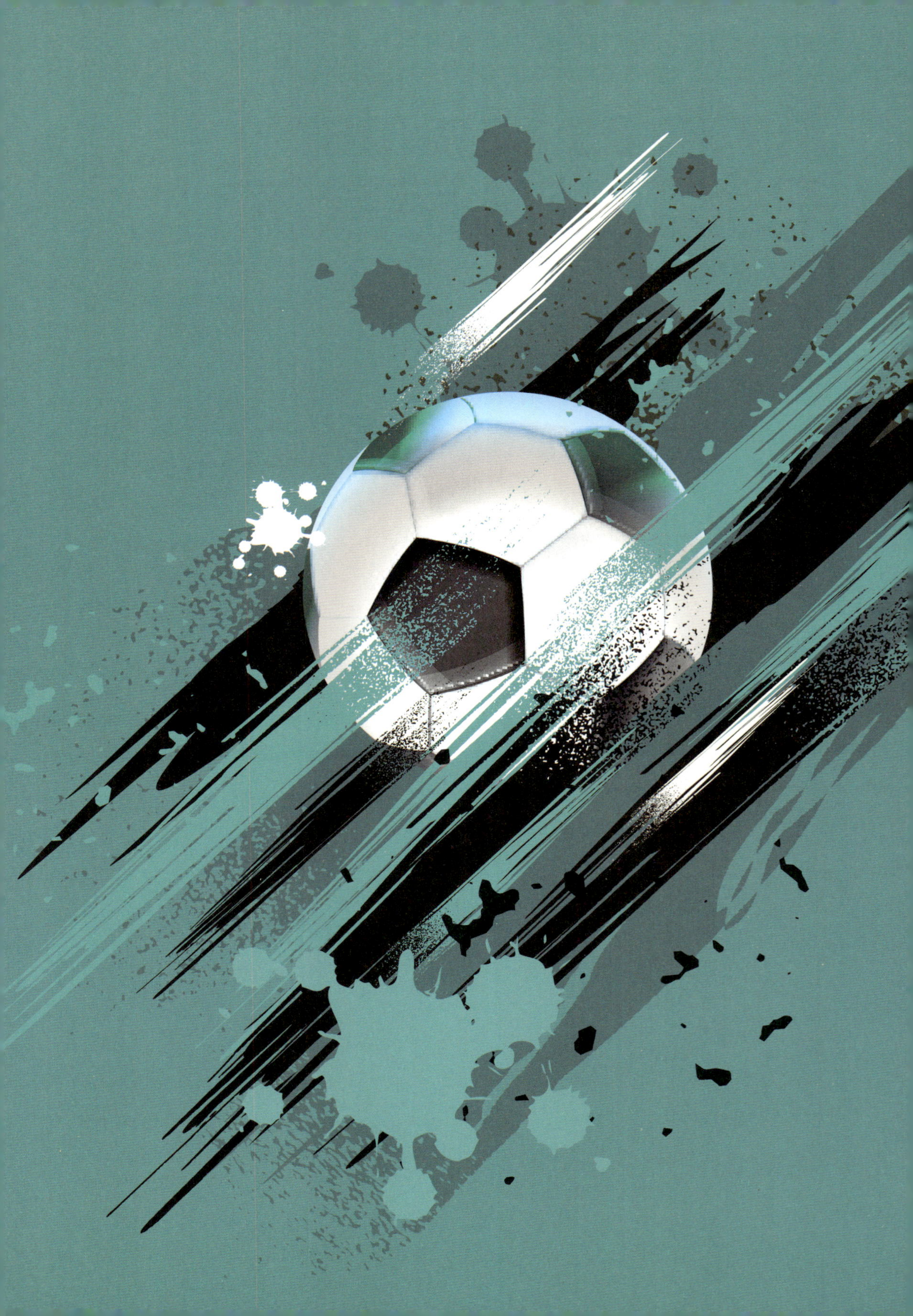

第六章

球星本色

Didi
迪迪

关键词
"巴西队首冠的中场核心"
"皇马的匆匆过客"

No.76

出生日期: 1928年10月8日
逝世日期: 2001年5月12日
国籍: 巴西
位置: 中场
效力俱乐部: 马杜雷拉、弗鲁米嫩塞、博塔弗戈、皇家马德里、水晶体育、韦拉克鲁斯、圣保罗
国家队数据: 68场20球

主要荣誉
2次世界杯冠军
1次欧冠冠军

1958年世界杯,17岁的贝利横空出世,淘汰赛3场打入6球的发挥惊艳了全世界,随着他在后来加冕"球王",所有的聚光灯都随他而动,其他的队友并没有得到应有的关注。其中加林查的故事不少球迷略有耳闻,而球队的中场大脑迪迪,基本就被淹没在岁月的长河中了。实际上那届世界杯,30岁的迪迪才是巴西队整届比赛的场上核心,他的持球组织、协调稳压,乃至关键时刻的破门得分,都是球队取胜的关键。最终那届世界杯的最佳球员奖也颁给了迪迪,算是间接认可了他场内的贡献。

4年之后的1962年世界杯,迪迪仍然是巴西队的首发球员,不过随着年龄的增长,他的状态下滑十分明显,中场核心的位置也让给了搭档济托。再加上贝利在小组赛便因伤退赛,也导致巴西队的卫冕之路走得异常艰难,这从侧面体现了当年迪迪对于球队的战术价值。俱乐部层面,1958年世界杯之后,迪迪曾短暂加盟过星光熠熠的皇马,可惜他这种需要支配球权的核心,与迪斯蒂法诺爆发了激烈的冲突,几个月之后便黯然走人。如果那个时代有更科学的训练管理体系,也许迪迪真能在奖杯之外,留下更多传世的美妙瞬间。

Iker Casillas
伊戈尔·卡西利亚斯

No.77

出生日期：1981年5月20日
国籍：西班牙
位置：门将
效力俱乐部：皇家马德里、波尔图
国家队数据：167场0球

主要荣誉

1 次世界杯冠军
2 次欧洲杯冠军
3 次欧冠冠军
5 次西甲冠军

卡西利亚斯是西班牙足球历史上最伟大的门将之一，他是西班牙队和皇马的双料传奇队长。他年少成名，1999—2000赛季，19岁的卡西利亚斯就作为主力门将帮助皇马夺得欧冠冠军，并在之后第一次随西班牙队出征2000年欧洲杯。在21世纪初的皇马队内，卡西利亚斯的星光虽然没有队友那么耀眼，但他的高接低挡对于球队来说却是那么不可或缺。2002年，卡西利亚斯第一次以主力门将身份为国家队出战大赛，而这个位置他一坐就是14年。

在劳尔被国家队弃用并离开皇马后，卡西利亚斯成为双料队长。2008年，他第一次以队长身份为西班牙队出战国际大赛就夺得冠军；2010年，他在世界杯决赛中贡献关键扑救，帮助西班牙队首捧大力神杯；2012年，他更是成为三次捧杯的队长。虽然卡西利亚斯的最后一届国际大赛是在替补席上度过的，也没能在皇马结束自己的职业生涯，但无论是对于西班牙队还是皇马，卡西利亚斯都是球队历史中永远无法被忘却的名字。

关键词

"世界杯决赛中贡献关键扑救"
"三次捧杯的队长"

Marcel Desailly
马塞尔·德塞利

No.78

主要荣誉

1 次世界杯冠军
1 次欧洲杯冠军
2 次欧冠冠军

出生日期：1968年9月7日
国籍：法国
位置：中场、后卫
效力俱乐部：南特、马赛、AC米兰、切尔西、加拉法体育、卡塔尔体育
国家队数据：116场3球

　　放眼足球历史，不少顶尖的防守悍将，终其职业生涯都有缺憾，想要在个人造诣超群的同时，将主要荣誉尽数收入囊中，这是极其困难的事情，不过法国的一代传奇"铁闸"德塞利做到了。他似乎总是踩对了关键的节点，加盟法甲豪门马赛，恰逢球队历史上最辉煌的赛季；随即转会AC米兰，又在后萨基时代闯出了一片天；即便生涯后期转投切尔西，也随当时还不强势的球队拿下了珍贵的英格兰足总杯冠军。法国队自不必说，他与他追随的"黄金一代"，先后拿下了世界杯、欧洲杯与联合会杯冠军，可以说是了无缺憾了。

　　当然在荣誉之外，也得注重德塞利自身的贡献，无论作为中卫还是防守型中场，他的发挥都是历史级的。从外在条件就能看出，德塞利是身体素质强劲、运动张力突出的类型，在勇猛果敢之余，也不乏敏锐的判断力。他可以在中后场的任何位置指挥自己的防线，准确拦截对手的进攻，获得球权之后，强悍的冲击力甚至能帮助他直捣黄龙。在后里杰卡尔德时代的AC米兰，他甚至接替过"黑天鹅"的角色，可见其能力多么出色。1998年世界杯，他与布兰科所组成的中卫搭档，更是齐达内身后的坚强后盾，4场淘汰赛仅被达沃·苏克偷袭成功一次，被广泛认为是世界杯历史上最佳的中卫组合，结合成绩来看甚至没有之一。

关键词

"荣誉傍身的后场铁闸"
"世界杯最强悍中卫组合"

关键词

"日耳曼的坚守者"
"汉堡的旷世传奇"
"无冕之王"

Uwe Seeler
乌韦·席勒

No.79

出生日期： 1936年11月5日
逝世日期： 2022年7月21日
国籍： 德国
位置： 前锋
效力俱乐部： 汉堡、科克凯尔特人
国家队数据： 72场43球

> **主要荣誉**
>
> 1次世界杯亚军
> 1次世界杯季军

　　作为一名前锋球员，二十余年间进球如麻，几乎将全部的职业生涯都献给了家乡俱乐部，以及自己的国家队，但却因为生不逢时，终其一生荣誉寥寥，我们该如何去看待这样的超级巨星？传奇中锋乌韦·席勒就是这样的悲情英雄，他为汉堡效力了近20年时间，却未曾在统一之后的德甲拿到冠军；国家队的"无冕之路"则显得更加悲壮，从1958年到1970年，他连续4届世界杯完成破门，几乎与"球王"贝利并驾齐驱，却始终与奖杯擦肩而过。更具黑色幽默的是，1954年与1974年，联邦德国队都成为世界杯冠军，唯独席勒的时代，成为历史的悲情注脚。

　　不过即便如此，席勒在德国球迷心目中的地位，鲜有人可以比肩。他的球风异常扎实，属于全能的核心中锋，场上的一招一式毫不拖泥带水，常用最合理的方式，十年如一日为自己的球队建功立业。而且场内场外，他为人谦逊低调，给人一种可敬可亲的感觉。无论是在他的家乡汉堡，还是在国家层面，他都被授予了众多荣誉头衔，也许无缘重要奖杯是他一生的遗憾，但生前生后都得到最诚挚的褒奖，又何尝不是最圆满的结局呢？

Kaká
卡卡

关键词
"圣西罗王子" "追风少年"

主要荣誉
1 次金球奖
1 次世界杯冠军
1 次欧冠冠军
1 次意甲冠军
1 次西甲冠军

No.80

出生日期：1982年4月22日

国籍：巴西

位置：中场

效力俱乐部：圣保罗、AC米兰、皇家马德里、奥兰多城

国家队数据：92场29球

如果没有伤病，卡卡的职业生涯成就还会有多高，这是每个见证过卡卡巅峰期的球迷都有可能会问出的问题，它代表了卡卡已经取得了极高的成就，但也代表着卡卡本有机会取得更高的成就。卡卡在圣保罗年少成名，2002年，20岁的卡卡就跟随巴西队获得了世界杯的冠军，一年之后卡卡转会AC米兰，他的职业巅峰也就此开启。

卡卡以其俊朗的容貌和精湛的球技被称为"圣西罗王子"，在加盟AC米兰的首个赛季就帮助球队拿下意甲冠军，2006—2007赛季，卡卡作为核心帮助AC米兰弥补了两年前的遗憾圆梦欧冠，也在2007年拿到了金球奖。那些年的卡卡以长途奔袭进球著称，因此也被称为"追风少年"，但这样的踢法对身体有着极高的要求，为了参加2010年世界杯，卡卡做出了透支自己生涯的决定，此后无论是在皇马还是回归AC米兰，"追风少年"卡卡再也没能追上那个曾经的自己，2017年卡卡宣布退役，他过于短暂的巅峰期留下的是辉煌，却也给喜爱他的球迷留下了遗憾。

Pavel Nedvěd
帕维尔·内德维德

关键词

"铁人"
"天道酬勤"

No.81

出生日期： 1972年8月30日
国籍： 捷克
位置： 中场
效力俱乐部： 比尔森胜利、布拉格杜克拉、布拉格斯巴达、拉齐奥、尤文图斯
国家队数据： 91场18球

主要荣誉

1 次金球奖
3 次意甲冠军

　　内德维德是捷克足球历史上最伟大的球星之一，他以在场上不惜力的奔跑而被誉为"铁人"，这种勤勉的踢球风格更是成为其成功的秘诀。1996 年欧洲杯，捷克队拿下亚军，波博斯基毫无疑问是队内最为闪耀的球员，而内德维德只是他身边的绿叶。但正所谓天道酬勤，内德维德虽然不止一次公开表示过自己并非天赋突出的球员，但靠着勤奋的努力，他成为捷克队"黄金一代"成就最高的球员。

　　从拉齐奥到尤文图斯，内德维德 3 次捧起意甲冠军奖杯，在 21 世纪初的那几年，他是整个意甲赛场最出色的球员之一，而当时的意甲以其极高的水平成为全球的焦点。2002—2003 赛季，内德维德在意甲赛场打进 9 球、助攻 10 次，帮助尤文图斯实现两连冠，他以整个赛季全能且稳定的表现在 2003 年成功拿到金球奖，并在 2006 年帮助捷克队在独立之后首次打进世界杯决赛圈。在尤文图斯被处罚降级后，内德维德选择了和球队坚守在一起，最终于 2009 年在球队结束了自己传奇的职业生涯。

Paul Breitner
保罗·布莱特纳

No.82

主要荣誉

1次世界杯冠军
1次欧洲杯冠军
1次欧冠冠军

出生日期： 1951年9月5日
国籍： 德国
位置： 中场、后卫
效力俱乐部： 拜仁慕尼黑、皇家马德里、不伦瑞克
国家队数据： 48场10球

德国足坛的边后卫球员向来人才辈出，各路豪杰从半个多世纪前开始源源不断地涌现，而且多数身怀独门绝技，个人特质令球迷过目难忘。果敢坚韧的福格茨，蛮横轧路的布里格尔，传中精准的卡尔茨，雷霆万钧的布雷默，乃至聪明绝顶的拉姆，都是各自时代的翘楚。不过论及脚下的魔力，尚无一人能与布莱特纳比肩，他的球性好到打破了人们对德国球员的刻板印象，而且弱冠之年就在顶尖舞台锋芒毕露，着实令人赞叹。

布莱特纳不仅年少有为，还完美地乘上了时代的东风。20世纪70年代初，正是拜仁慕尼黑与联邦德国队起势的阶段，布莱特纳凭借出众的技术能力，以及优异的意识与判断水平，镇守了整个左路走廊。在短短的几年中，他几乎收获了一切，大有希望在日后竞争欧洲乃至历史最佳边后卫。只可惜在1974年世界杯之后，包括他在内的几名核心球员，与联邦德国足协的关系迅速恶化，布莱特纳不仅加盟了皇马，还暂时退出了国家队。多年之后他再回归时，已是而立之年的老将，1982年世界杯他改踢中场，还是凭借精湛的技术，稳住了球队枢纽部分的运转，并且第二次在决赛中破门，成为历史上仅有的5位在两届世界杯决赛中都完成破门的球员之一。

关键词

"左脚魔术师"
"两届世界杯决赛进球"

Omar Sívori
奥马尔·西沃里

No.83

主要荣誉

1次金球奖
1次美洲杯冠军
3次意甲冠军

出生日期：1935年10月2日
逝世日期：2005年2月17日
国籍：阿根廷、意大利
位置：前锋
效力俱乐部：河床、尤文图斯、那不勒斯
国家队数据：19场9球（阿根廷队）、9场8球（意大利队）

　　南美球员有两个显著的标签，一个是写意潇洒的曼妙球技，另一个则是略显阴暗的球场动作，前一秒他们是万人为之沉醉的天使，后一秒便因为言行举止，成为无可辩驳的魔鬼。马拉多纳也许是这种风格的典型代言人，不过早在他出道20年前，奥马尔·西沃里，便将"脏脸天使"这一诨号演绎得淋漓尽致。那是一个蛮荒的时代，却也是一个迷人的时代，方能孕育出"天使与魔鬼"的化身。

　　西沃里原本是阿根廷人，发迹于老牌豪门河床，其球风极其惊艳，擅长用脚下的小技术玩弄对手于无形之间。即便是在几人的包夹之下，他依然能够通过从容地变向与拉球，潇洒地转身离去。即便在门前遇到了绝佳机会，他也不会用简洁的处理方式得分，而是经常用假动作戏耍防守球员，直至创造出绝对空当，这才轻描淡写地完成终结。后来去往重视防守的意大利之后，西沃里的炫技行为仍然没有收敛，暴脾气还日渐加强，虽然时常能够奉献出惊为天人的操作，却也因为不端的行为多次被禁赛。当然从纯足球的角度来说，他还是光芒万丈的，1961年凭借极其出众的发挥，西沃里斩获了意大利足坛首个金球奖，从此青史留名。

关键词

"脏脸天使"
"意大利首位金球先生"

关键词

"为踢球离家出走"
"前腰后置"

Andrea Pirlo
安德烈亚·皮尔洛

No.84

出生日期：1979年5月19日

国籍：意大利

位置：中场

效力俱乐部：布雷西亚、国际米兰、雷吉纳、AC米兰、尤文图斯、纽约城

国家队数据：116场13球

> **主要荣誉**
>
> # 1 次世界杯冠军
> # 2 次欧冠冠军
> # 6 次意甲冠军

　　皮尔洛是21世纪意大利足坛最为出色的中场球员之一，他"前腰后置"的踢法甚至可以说引领了一个时代的足坛战术风潮，可以称得上是一代的中场大师级球员。皮尔洛出生于一个富裕的家庭，少年时父亲并不想让他走上职业足球的道路，但皮尔洛甚至为踢球离家出走。最终父亲妥协，皮尔洛加入布雷西亚青训，以前锋身份开启了自己的足球生涯。

　　职业生涯初期，皮尔洛在影锋和前腰的位置上都没有展现出过人表现，直到在布雷西亚一线队，由于巴乔的存在，他被主帅尝试后撤，慢慢找到了自己的定位。加盟AC米兰之后，皮尔洛的位置逐渐固定，他的职业生涯开始步入正轨。在AC米兰他拿到了自己的第一个意甲冠军、第一个欧冠冠军，也第一次入选了意大利队。2006年世界杯，皮尔洛是球队夺冠路上的中场大脑，打进1球、助攻3次，决赛中正是他的角球助攻马特拉齐破门，之后又在点球大战中罚进了关键的第一个点球，帮助球队捧起大力神杯。2018年皮尔洛正式退役，而直到今天意大利队也依旧在苦苦等待他的接班人。

Antoine Griezmann
安托万·格列兹曼

关键词
"被7家俱乐部拒绝但未曾放弃"
"世界杯冠军核心"

No.85

主要荣誉
1 次世界杯冠军
1 次欧国联冠军
1 次欧联杯冠军

出生日期： 1991年3月21日
国籍： 法国
位置： 前锋
效力俱乐部： 皇家社会、马德里竞技、巴塞罗那
国家队数据： 137场44球

格列兹曼是21世纪法国足坛最为出色的球员之一,但他的成长之路却颇为坎坷,格列兹曼少年时代因为身材矮小,曾被7家俱乐部拒绝但他未曾放弃,最终他离开法国加入皇家社会青训,并在西班牙的土地上飞速成长,从皇家社会到马德里竞技,从加盟巴萨再到回归马德里竞技,格列兹曼始终是西甲赛场最为出色的球员之一。

他更大的成就则来自国家队赛场,2014年,在里贝里因伤无缘参赛的情况下,格列兹曼首次参加世界杯就以主力身份贡献惊艳表现。2016年,格列兹曼更是成长为法国队的进攻核心,在本土欧洲杯的7场比赛中打进6球,然而法国队却遗憾地在决赛当中失利。屈居亚军的痛苦,格列兹曼在2年之后就亲手将其抹去。2018年世界杯,格列兹曼在法国队的"4231"阵形中出任10号位,7场比赛打进4球、助攻4次,决赛更是1射2传独造3球,帮助球队时隔20年再度捧起大力神杯,他是那支球队夺冠路上当之无愧的核心。2022年他依旧延续了神勇发挥,虽然球队未能实现卫冕,但他攻防一体的枢纽角色,如今回忆起来仍旧令人久久难忘。

Elías Figueroa
埃利亚斯·菲格罗亚

出生日期： 1946年10月25日

国籍： 智利

位置： 后卫

效力俱乐部： 圣地亚哥流浪者、卡拉雷联、佩纳罗尔、巴西国际、巴勒斯坦人体育、劳德代尔堡前锋、科洛科洛

国家队数据： 47场3球

> **主要荣誉**
>
> **1次美洲杯亚军**
> **1次南美解放者杯亚军**

论及历史排名的时候，球员的绝对能力只是参考的重要标准，并不能决定最终的座次。不过当菲格罗亚出现在这里的时候，很难不去强调他的真实水准与权威机构的褒奖。在IFFHS（国际足球历史和统计联合会）举办的20世纪南美最佳球员的评选中，菲格罗亚高居第8位，在他身前的都是前场球员。同时在全球范围内的20世纪最佳球员评选中，他也位列第37位，在他身前的只有博比·穆尔与弗朗哥·巴雷西两位纯粹的中卫。所以他就是公认的南美历史最佳中卫，甚至说是最佳后卫也不为过。

菲格罗亚活跃于20世纪70年代，与贝肯鲍尔是同时代球员，前者具备了顶尖清道夫的一切素质：不俗的身体硬件，良好的预判及反应能力，对于拦截和上抢时机的把握极其精准，而且动作潇洒从容，并非不顾后果的恶汉。与此同时，作为攻防转换的枢纽，他拿球后发起进攻的能力同样值得称道，如此潇洒写意的后场枢纽，很容易让人联想到博比·穆尔与西雷阿。只可惜他生在智利这样一个非传统足球强国，生涯的多数时间都在南美俱乐部效力，尽管多次参加世界杯，可惜受限于时代和环境，影响力相对有限。不过在1974年世界杯智利队与联邦德国队交手时，贝肯鲍尔曾笑称"我是欧洲的菲格罗亚"，足见其对这位旷世英雄的钦佩，也凸显了菲格罗亚的江湖地位。

No. 86

关键词
"南美历史最佳中卫"
"南美的贝肯鲍尔"

Thierry Henry
蒂埃里·亨利

关键词

"海布里国王"
"英超不败夺冠"

No.87

主要荣誉

1次世界杯冠军
1次欧洲杯冠军
1次欧冠冠军
2次英超冠军
2次西甲冠军
1次法甲冠军

出生日期： 1977年8月17日

国籍： 法国

位置： 前锋

效力俱乐部： 摩纳哥、尤文图斯、阿森纳、巴塞罗那、纽约红牛

国家队数据： 123场51球

亨利是法国足坛历史上最为出色的前锋之一，他凭借左路突破和内切射门在一段时间内定义了"亨利区域"。1998年，不满21岁的亨利就被选入了法国队世界杯大名单并随队夺冠。一年之后，亨利加盟阿森纳，在迅速成为"海布里国王"的同时，亨利也在2000年欧洲杯再次帮助法国队夺冠并入选了赛事最佳阵容。

在为法国队连续斩获荣誉之后，亨利也带领阿森纳在21世纪初统治了英超赛场。2001—2002赛季，亨利第一次捧起了英超的冠军奖杯；2003—2004赛季，亨利更是和队友一起帮助球队创造了英超不败夺冠的神话。2007年，亨利加盟巴萨，在西甲赛场他虽然已经不是球队的头号球星，却依旧能屡屡在关键时刻挺身而出，并最终圆了欧冠的梦想。2015年亨利正式退役，而现如今的酋长球场外，还有他的滑跪铜像提醒着每一位阿森纳球迷回忆起这位当年的"枪王之王"。

Gabriel Batistuta
加夫列尔·巴蒂斯图塔

No.88

出生日期：1969年2月1日
国籍：阿根廷
位置：前锋
效力俱乐部：纽维尔老男孩、河床、博卡青年、佛罗伦萨、罗马、国际米兰、阿尔阿拉比
国家队数据：78场56球

> **主要荣誉**
> 2 次美洲杯冠军
> 1 次意甲冠军

20 世纪 90 年代的意甲，承载了无数中国球迷的青春回忆，当那个一袭紫衣的男人大力抽射，球如同火箭般蹿向对方球网的时刻，令多少球迷热血沸腾。结果既定，他飞奔向角旗区，做出机关枪扫射的庆祝动作，这一幕幕仿若昨天。这就是巴蒂斯图塔，这就是标志性的"巴蒂 Goal"，最为纯粹的暴力美学，为他赢得了众多铁杆拥趸。"战神"的名号不胫而走，被镌刻在那段往昔的时光中，值得久久回味。

纵观巴蒂斯图塔的职业生涯，充满了波澜壮阔。俱乐部层面游走于河床与博卡两大宿敌之间，登陆亚平宁之后选择了相对小众的佛罗伦萨，而且在这里坚守了 9 年。原本在 1998—1999 赛季，巴蒂斯图塔本有希望率队奇迹般登顶，却因为重伤戛然而止。好在命运还算眷顾他，职业生涯后期加盟罗马，终于圆了他的意甲冠军梦，那一刻也许一切都是值得的。国家队层面也是如此，出道即是美洲杯两连冠，看似征服世界的梦想并不遥远，然而此后的三次世界杯，尽管他连续两届赛事上演帽子戏法，怎奈时也命也，始终迈不出命运的沟壑，最终在遥远的东方，他低下头颓泪流满面，英雄迟暮最是让人痛彻心扉。

关键词

"战神"
"巴蒂Goal"

关键词

"会拉小提琴的左脚"
"克罗地亚队黄金一代"

Davor Šuker
达沃·苏克

No.89

> **主要荣誉**
> 1 次世界杯季军
> 1 次欧冠冠军
> 1 次西甲冠军

出生日期： 1968年1月1日
国籍： 南斯拉夫、克罗地亚
位置： 前锋
效力俱乐部： 奥西耶克、萨格勒布迪纳摩、塞维利亚、皇家马德里、阿森纳、西汉姆联、慕尼黑1860
国家队数据： 2场1球（南斯拉夫队）、68场45球（克罗地亚队）

达沃·苏克已经成为足坛的一种文化符号，每当他的名字出现在荧幕中，伴随的几乎都是独自面对守门员，用左脚写意地将球一拉，过掉门将形成空门，顺理成章地完成终结。这一刻板的印象早已深入人心，以至于球迷似乎都忘了，他是从南斯拉夫炮火中走出的斗士，怎么会是"花拳绣腿"之辈？事实上作为一名全面的射手，苏克的招牌特质反而是利落的衔接、势大力沉的抽射得分。只是浸淫于西班牙特有的足球环境，他的内心尚存一丝浪漫的幻想，这才让球迷在他的果敢之余，欣赏到了那些曼妙的动作。

虽然出道时期受到时局混乱的影响，但苏克的生涯整体上是平顺的，并没有被外部环境过多干扰。俱乐部层面他很早就在西甲扬名，随后加盟皇马登上了欧洲的巅峰，个人的声望也随之到达了新高度。国家队层面自不必多说，1998 年世界杯的克罗地亚队"黄金一代"，是一代球迷津津乐道的青春回忆。即便是从前的南斯拉夫队，也未曾在世界杯上留下如此深厚的烙印，更不曾出现过苏克这般独揽金靴奖的超级射手，撼动了足球世界的基石。岁月的裂痕令他留有遗憾，而足球的温存却让他近乎完美。

关键词

"巴西队历史最佳射手"
"足坛历史转会费纪录"

Neymar 内马尔

No.90

主要荣誉
1 次奥运会金牌
1 次欧冠冠军
1 次解放者杯冠军
2 次西甲冠军
5 次法甲冠军

出生日期：1992年2月5日
国籍：巴西
位置：前锋
效力俱乐部：桑托斯、巴塞罗那、巴黎圣日耳曼、利雅得新月
国家队数据：128场79球（截至2025年4月25日）

　　内马尔以出色的天赋和技术能力代表了巴西足球的一个时代。2014 年，当内马尔第一次踏上世界杯的赛场，他就以绝对核心的身份在主场作战，2 年之后，他又为翘首以盼的巴西球迷在里约热内卢带来了球队历史上的第一块奥运男足金牌。2023 年，他则正式超越贝利，成为巴西队历史最佳射手，而这个纪录在他现如今复出之后应该还会再被刷新。

　　俱乐部层面，内马尔同样成就斐然，他在 19 岁的年纪就捧起了南美解放者杯，加盟巴萨后更是与梅西和苏亚雷斯组成了传奇的"MSN 组合"，成为历史上第一位在解放者杯和欧冠都上演帽子戏法的球员。2017 年，内马尔以 2.22 亿欧元的天价转会费加盟巴黎圣日耳曼，创造了足坛的历史纪录，在这里他又 5 次捧起了法甲的冠军奖杯。或许在很多人的心中，内马尔没有达到他曾经被期望达到的高度，但他的职业生涯没有结束，回到梦开始的地方，他依然在追逐那个梦想中的自己。

Pierre Littbarski
皮埃尔·利特巴尔斯基

出生日期：1960年4月16日
国籍：德国
位置：前锋、中场
效力俱乐部：科隆、巴黎竞赛、千叶市原、仙台七夕
国家队数据：73场18球

主要荣誉
1 次世界杯冠军
2 次世界杯亚军

No.91

　　过去的 10 多年间，拜仁慕尼黑一直在德甲保持着极强的竞争力，其两翼齐飞的打法深入人心，似乎成为所谓德系属性的标志。不过就德国队及本土球员而言，国内足坛已经超过 30 年没有出现锋利且稳定的爆点型巨星了。天赋出众的不乏罗伊斯与萨内，前者饱受伤病困扰无限蹉跎，后者状态飘忽难堪大任。2018 年世界杯，当勒夫面对毫无意义的禁区外横向传导一筹莫展时，也许会想到一位他的同龄人，那便是曾经的"黄金利刃"利特巴尔斯基。

　　利特巴尔斯基出道于老牌劲旅科隆，20 岁出头就在国家队站稳了脚跟，成为边路不可或缺的尖刀。彼时还不流行如今的逆足内切式踢法，不过利特巴尔斯基并非在边路强突的类型，他的游弋范围更广，在对手的禁区腹地手段也更多样，其精细的脚下调整能力和极快的速率，能够让防守球员不知所措。从 1982 年世界杯到 1990 年世界杯，只要他保持健康状态，就是联邦德国队当仁不让的边路核心，这期间联邦德国队连续 3 届世界杯杀入决赛，只可惜在 1986 年他因伤无缘登场，错过了与马拉多纳的世纪对决。如果他能够出战，就会早于巴西队传奇卡福，成为世界杯历史上首位连续 3 届决赛出场的球员。

关键词

"黄金利刃"
"世界杯连续三届决赛的见证人"

Luis Suárez
路易斯·苏亚雷斯

主要荣誉
1 次美洲杯冠军
1 次欧冠冠军
5 次西甲冠军

No.92

出生日期： 1987 年 1 月 24 日
国籍： 乌拉圭
位置： 前锋
效力俱乐部： 乌拉圭民族、格罗宁根、阿贾克斯、利物浦、巴塞罗那、马德里竞技、格雷米奥、迈阿密国际
国家队数据： 143 场 69 球

　　苏亚雷斯是 21 世纪足坛最为出色的前锋之一，他有着惊人的得分效率、细腻的脚下技术以及对胜利近乎偏执的渴望。苏亚雷斯出生于乌拉圭的一个贫民家庭，但他凭借着惊人的天赋打动了青训教练，并在 18 岁就完成了自己的职业生涯首秀。1 年之后苏亚雷斯来到荷兰开启了自己的留洋旅程，从格罗宁根到阿贾克斯，他很快就成为联赛里最出色的球员。而在国家队层面，2010 年世界杯打进四强，2011 年美洲杯获得冠军，他和队友帮助乌拉圭队拿到了半个世纪以来最为出色的战绩。

　　从利物浦的"SAS 组合"到巴萨的"MSN 组合"，苏亚雷斯成为这个世界上最出色的前锋之一，在"梅罗"的时代里还拿到了两次欧洲金靴奖。从离开巴萨到退出国家队，虽然现如今的苏亚雷斯已经来到了职业生涯的末期，但在迈阿密国际和梅西这些老队友一起，依然在用一个又一个进球带着球迷回忆曾经的那些峥嵘岁月。

关键词

"MSN组合"
"两次欧洲金靴奖"

关键词

"小飞侠"
"右路左脚内切射门"

Arjen Robben
阿尔扬·罗本

主要荣誉

1 次欧冠冠军
8 次德甲冠军
2 次英超冠军
1 次西甲冠军

No.93

出生日期：1984年1月23日
国籍：荷兰
位置：前锋
效力俱乐部：格罗宁根、PSV埃因霍温、切尔西、皇家马德里、拜仁慕尼黑
国家队数据：96场37球

　　罗本是荷兰足球历史上最为出色的边锋之一，其风驰电掣般的边路突破时至今日仍然被无数球迷津津乐道。2000年，不满17岁的罗本就升入格罗宁根一线队，踏上职业赛场后，出色的速度让他很快就吸引了豪门的青睐，"小飞侠"的绰号就是对他技术能力最为贴切的形容和褒奖。

　　2009年，罗本转会拜仁慕尼黑，他的职业生涯也达到了新的高度。8个德甲冠军和1个欧冠冠军，罗本和里贝里一起带领球队统治了德甲赛场，并成为全欧洲最好的球队之一。他用标志性的右路左脚内切射门完成一次又一次得分，哪怕对手对于罗本下一步要做什么了然于心，却依旧无法限制这位荷兰边锋完成突破和进球。在国家队，他和斯内德、范佩西等人一起获得了一次世界杯亚军和一次世界杯季军，虽然没能打破"无冕之王"的魔咒，但足以让人们记住这段以他们为代表的辉煌时期。

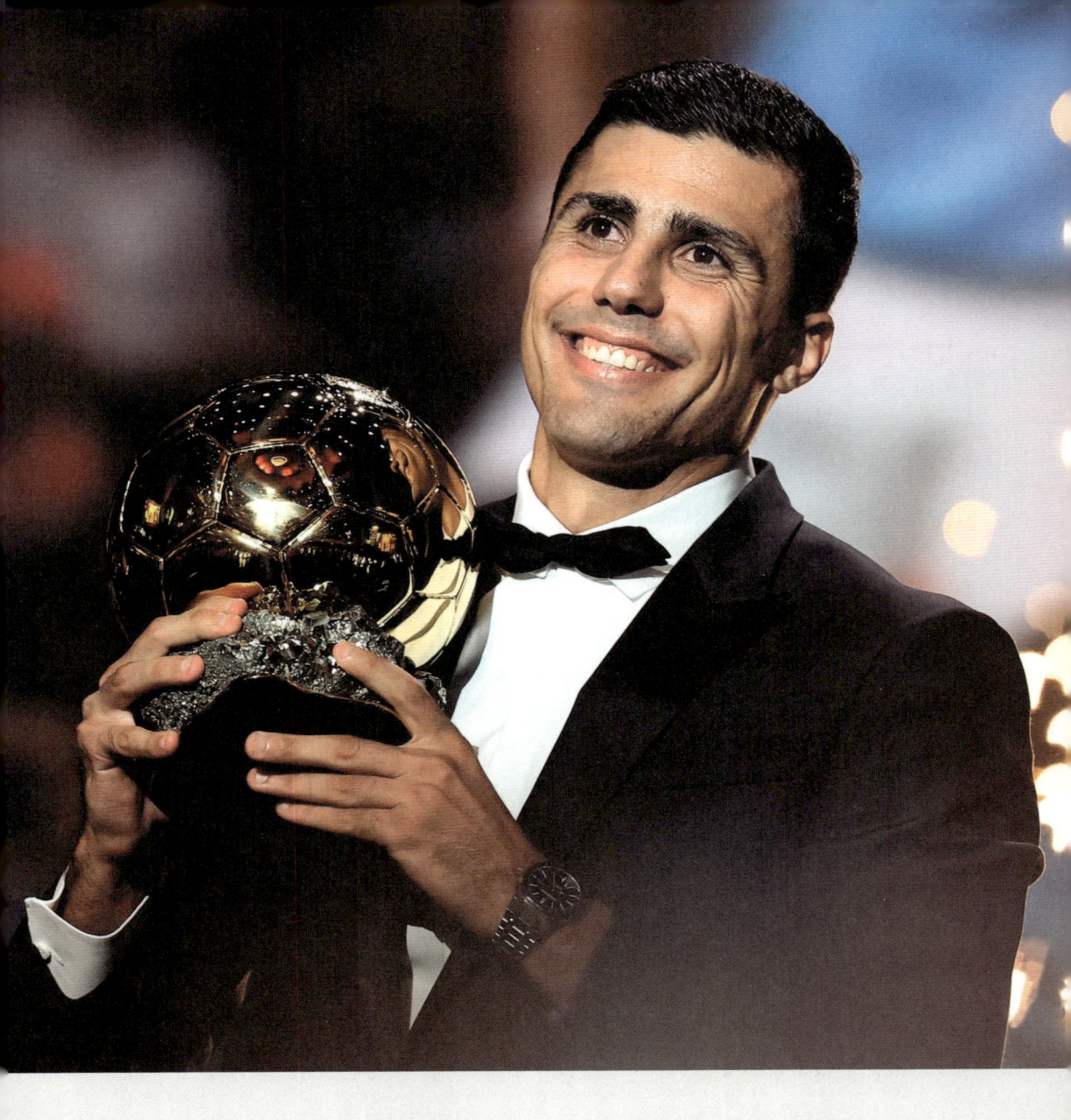

关键词

"90后球员的第一个金球奖"
"曼城历史第一座欧冠奖杯"

Rodri
罗德里

No.94

出生日期：1996年6月22日
国籍：西班牙
位置：中场
效力俱乐部：比利亚雷亚尔、马德里竞技、曼彻斯特城
国家队数据：57场4球（截至2025年4月25日）

主要荣誉

1 次金球奖
1 次欧洲杯冠军
1 次欧国联冠军
1 次欧冠冠军
4 次英超冠军

2023 年和 2024 年是属于罗德里的两年，这位低调的西班牙后腰，用短短两个赛季成为世界现役最好的中场球员之一，创造了一个又一个历史，捧起了一座又一座奖杯。2022—2023 赛季，曼城历史上第一次实现"三冠王"伟业，而那场最为重要的欧冠决赛，在最为关键的时刻，是罗德里站出来打进了那金子般的一球，成就了曼城历史上第一座欧冠奖杯。同年夏天，罗德里又帮助西班牙队首夺欧国联冠军，而这只是 2024 年西班牙队再创辉煌的序章。

2024 年欧洲杯，在并非最大夺冠热门的情况下，西班牙队一路过关斩将，时隔 12 年再度问鼎欧洲杯，罗德里作为主力后腰始终贡献着稳定的表现，而在这之前他还帮助曼城成为英格兰顶级足球联赛 130 多年历史当中第一支实现四连冠的球队。这一切都被球迷和金球奖的评委看在眼里，罗德里最终如愿以偿，在 2024 年拿到了历史上"90 后"球员的第一个金球奖。

Samuel Eto'o
萨穆埃尔·埃托奥

No.95

主要荣誉

2 次非洲杯冠军
1 次奥运会金牌
3 次欧冠冠军
3 次西甲冠军
1 次意甲冠军

出生日期： 1981年3月10日
国籍： 喀麦隆
位置： 前锋
效力俱乐部： 皇家马德里、莱加内斯、西班牙人、马略卡、巴塞罗那、国际米兰、安郅马哈奇卡拉、切尔西、埃弗顿、桑普多利亚、安塔利亚、科尼亚体育、卡塔尔体育
国家队数据： 118场56球

　　埃托奥是非洲足球历史上成就最高的球员之一，他因极具冲击力的踢法被称为"非洲猎豹"，还曾4次当选非洲足球先生，代表喀麦隆队先后4次踏上世界杯赛场，并且2次拿下非洲杯冠军，时至今日他依旧是喀麦隆队历史最佳射手，并且以18球的纪录保有着非洲杯历史最佳射手的头衔。
　　在俱乐部层面，埃托奥的成就放眼整个足坛历史都足够耀眼，他15岁加入皇马青训，18岁那年本有机会跟随皇马获得人生中第一个欧冠冠军，但他却选择加盟马略卡获得更多机会，3年之后他就在伯纳乌球场完成反戈一击，帮助马略卡淘汰皇马并最终问鼎当赛季的国王杯。埃托奥在马略卡逐渐成为一流球星，此后在巴萨和国际米兰，他以绝对主力身份拿到了3个欧冠冠军。超过20年的职业生涯，埃托奥无愧为非洲足球历史的代表性球星。

关键词

"非洲猎豹"
"非洲杯历史最佳射手"

Giacinto Facchetti
吉亚琴托·法切蒂

出生日期: 1942年7月18日

逝世日期: 2006年9月4日

国籍: 意大利

位置: 后卫

效力俱乐部: 国际米兰

国家队数据: 94场3球

No.96

主要荣誉

1 次欧洲杯冠军
2 次欧冠冠军
4 次意甲冠军

　　意大利足坛后防巨星辈出,但对于中国球迷来说,左后卫的符号属性格外突出。法切蒂、卡布里尼、马尔蒂尼三代"铁卫"积攒下的深厚底蕴,在2006年7月4日的德国威斯特法伦球场,给法比奥·格罗索注入了灵魂般的力量。意大利队与德国队在世界杯半决赛厮杀了近120分钟,最终意大利队凭借格罗索的神之一脚迈向柏林。而左后卫体系传承的鼻祖,正是"大国际时代"国际米兰的图腾法切蒂。

　　20世纪60年代,足球的体系还处在较为松散的阶段,前锋负责进球、中场负责转换调度、后卫负责防守的理念,仍然占据着主导地位。即便是如今看起来覆盖整条边路走廊、攻守一体化成为常态的边后卫,在那时的主要工作仍然是守好自己的"一亩三分地"。法切蒂的出现,至少在欧洲主流足坛掀起了一股旋风,其活力十足的往返冲刺能力极强,经常直奔对方的腹地威胁球门,在当时掀起的声浪可想而知。当然作为一名左后卫,他的防守才华无须赘言,盯人补位、抢断拦截不在话下,他就是防线上的定海神针。法切蒂漫长的职业生涯,参与并见证了不可一世的"大国际时代",也同蓝衣军团一起登顶欧洲,并在世界杯决赛中直面球王贝利的盛世光环。作为一名球员,法切蒂的生涯足够辉煌且圆满,不愧为"伟大的意大利左后卫"。

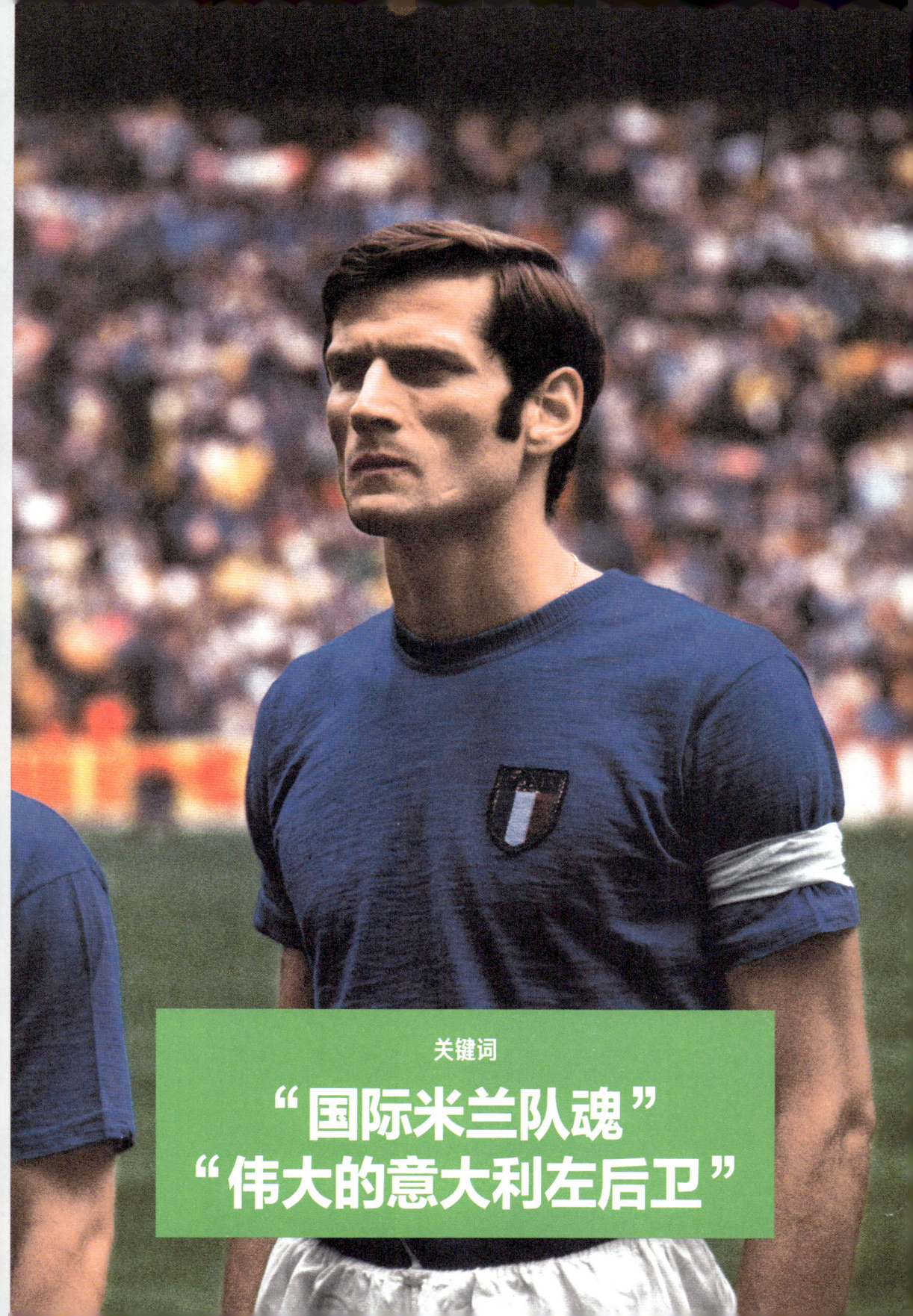

关键词

"国际米兰队魂"
"伟大的意大利左后卫"

关键词

"三次英超金靴奖"
"时隔28年重返世界杯"

Mohamed Salah
穆罕默德·萨拉赫

No.97

主要荣誉
1 次欧冠冠军
1 次英超冠军

出生日期：1992年6月15日

国籍：埃及

位置：前锋

效力俱乐部：阿拉伯承包商、巴塞尔、切尔西、佛罗伦萨、罗马、利物浦

国家队数据：105场60球（截至2025年4月25日）

萨拉赫是埃及足球历史上最伟大的球员，同时也是非洲历史上最优秀的球星之一。而且更为难得的是，今年即将年满33岁的他，正经历着自己职业生涯到目前为止最为出色的一个赛季，很有希望第二次拿到英超的冠军奖杯，并且对于已经是三次英超金靴奖得主的萨拉赫来说，本赛季他也很有可能追平亨利的纪录，第四次成为英超的赛季最佳射手。

萨拉赫的职业生涯在埃及起步，2012年来到欧洲加盟巴塞尔，2014年加盟切尔西，虽然在切尔西的履历并不光鲜，但萨拉赫凭借在意甲的磨砺，在2017年重返英超加盟利物浦之后还是证明了自己，成为英超历史上表现最出色的球星之一，也是历史上第一位能够在两个赛季的英超中参与进球超过40球的球员。在国家队层面，萨拉赫同样是埃及队的旗帜，2018年世界杯预选赛，萨拉赫用无与伦比的表现帮助埃及队时隔28年重返世界杯，圆了埃及足球几代人的梦想。

Teófilo Cubillas
特奥菲洛 · 库比利亚斯

出生日期： 1949年3月8日

国籍： 秘鲁

位置： 中场

效力俱乐部： 利马联、巴塞尔、波尔图、劳德代尔堡前锋、南佛罗里达太阳、迈阿密自由

国家队数据： 81场28球

No.98

主要荣誉

1次美洲杯冠军
1次世界杯最佳新秀

　　在较长的历史时期内，南美足坛都是可以与欧洲足坛分庭抗礼的存在，除去巴西、阿根廷与乌拉圭三大豪强，一些相对不那么出众的国家，偶尔也会制造惊喜。不过秘鲁这片土壤显得有些另类，秘鲁队不仅长期无缘世界杯正赛，产出的超级巨星数量也极其稀少，进入21世纪之后，除了皮萨罗等个别翘楚还能在欧洲豪门站稳脚跟，秘鲁足球几乎已经到了被遗忘的边缘。不过将时光倒回半个世纪之前，秘鲁高原上也曾诞生过一只雄鹰，他翱翔于天际之上，给了足球世界不小的震撼，甚至得到了"球王"贝利的赞许，他就是秘鲁足坛历史第一球星库比利亚斯。

　　库比利亚斯司职攻击型中场，是一位活动范围极大、能力极其全面的攻击手。他有无球能力兼备，既可以持球长途奔袭，利用身体素质无情碾压防线后破门，也可以利用飘忽的跑位与队友产生联动，进而实现得分或者助攻。除此之外，他的脚法也令人过目难忘，变化诡谲的直接任意球破门令人目不暇接。21岁初登世界杯赛场，他就打进5球率队闯进八强，收获了当届世界杯的最佳新秀奖。而且敢于在万众瞩目的比赛中，与贝利领衔的巴西队展开对攻，为球迷奉献了一场永载史册的经典比赛。即便他的生涯始终不曾登陆欧洲豪门，但其参加了3届世界杯，并且在巅峰期的2届赛事中打进10球，这样的成就足以永载史册。

关键词

"秘鲁足坛历史最佳球员"
"世界杯打进10球"

关键词

"万人迷"
"贝氏弧线"

David Beckham
大卫·贝克汉姆

No.99

主要荣誉

1 次欧冠冠军
6 次英超冠军
1 次西甲冠军
1 次法甲冠军

出生日期：1975年5月2日

会籍：英格兰

位置：中场

效力俱乐部：曼彻斯特联、普雷斯顿、皇家马德里、洛杉矶银河、AC米兰、巴黎圣日耳曼

代表队数据：115场17球

　　贝克汉姆是世界足坛历史上场外影响力最大的球星之一，其出色的球技和帅气的外表让他赢得了"万人迷"的称号，哪怕退役之后依旧保持着极大的场内外影响力，对足球运动影响力的扩展起到了很大的作用。在竞技层面上，贝克汉姆于1991年加入曼联青训，是"92班"的重要成员之一，帮助曼联6次夺得英超冠军，还成就了1999年的"三冠王"伟业。离开曼联之后，无论是在皇马还是洛杉矶银河，贝克汉姆都在贡献优异表现的同时为球队带来了巨大的商业价值，更是扩大了美国职业足球大联盟的影响力。

　　贝克汉姆在球场上以出众的传球脚法而闻名，拥有极为精准的传中和极强的任意球得分能力，"贝氏弧线"更是成为弧线任意球的代名词，时至今日他仍然保持着英超直接任意球的进球纪录。2002年世界杯预选赛面对希腊队那个价值千金的直接任意球破门，时至今日仍然是贝克汉姆职业生涯最令人印象深刻的瞬间之一。

Billy Wright
比利·赖特

出生日期： 1924年2月6日
逝世日期： 1994年9月3日
会籍： 英格兰
位置： 后卫
效力俱乐部： 伍尔弗汉普顿流浪者
代表队数据： 105场3球

No.100

> **主要荣誉**
>
> **3 次英格兰顶级足球联赛冠军**

　　比利·赖特是英格兰队历史上最伟大的球星之一，同时他也是狼队历史上当之无愧的头号球星。赖特在 15 岁时就为狼队完成首秀，二战之后，赖特成为球队后防线的绝对主力，并于 1946 年首次入选英格兰队，此后他以稳健的表现和惊人的出勤率在狼队和英格兰队都成为队长。

　　20 世纪 50 年代，赖特几乎参加了这两支球队的每一场正式比赛，帮助狼队在 1954 年、1958 年和 1959 年三夺英格兰顶级足球联赛冠军，成为当时全欧洲最出色的球队之一，1954 年狼队击败匈牙利豪门布达佩斯捍卫者的比赛更是直接促成了欧冠的诞生。而在英格兰队，赖特更是成为国际足坛首位在国际赛事中出场 100 次的球员——总计为球队完成了 105 次出场。1959 年赖特正式宣布退役，作为"一人一城"的典范，其职业生涯只效力过狼队一支球队，现如今狼队主场莫利诺克斯球场有他的雕像和以他命名的看台，来纪念这位球队历史上最优秀的球星。

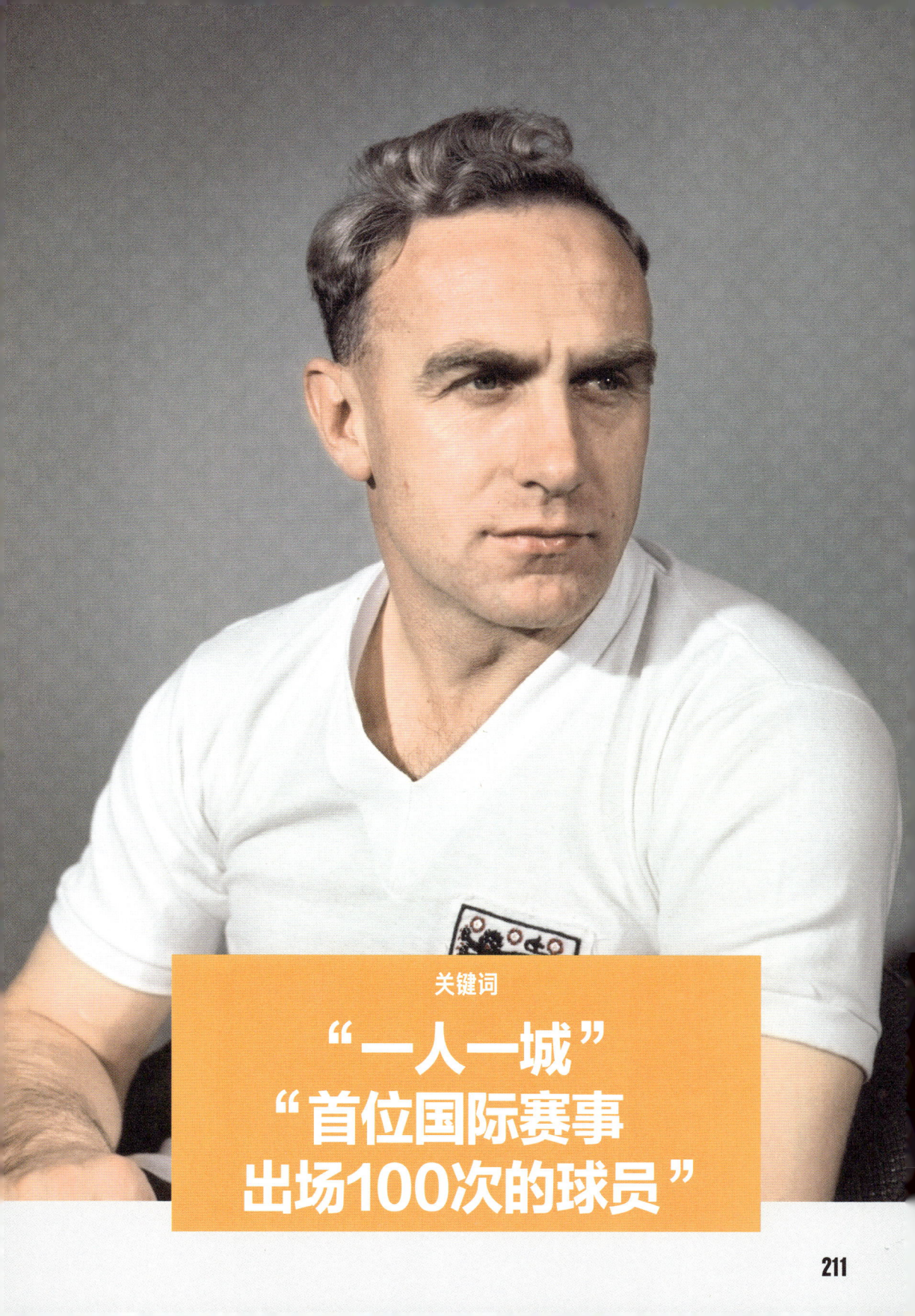

关键词

"一人一城"
"首位国际赛事
出场100次的球员"

附录

《世界足坛百大巨星》

本书 100 位球星详细排名如下：

排序	姓名	排序	姓名	排序	姓名	排序	姓名
1	贝利	26	朱塞佩·梅阿查	51	约瑟夫·博日克	76	迪迪
2	利昂内尔·梅西	27	博比·穆尔	52	赫里斯托·斯托伊奇科夫	77	伊戈尔·卡西利亚斯
3	迭戈·马拉多纳	28	罗马里奥	53	罗纳德·科曼	78	马塞尔·德塞利
4	约翰·克鲁伊夫	29	罗纳尔迪尼奥	54	乌戈·桑切斯	79	乌韦·席勒
5	克里斯蒂亚诺·罗纳尔多	30	卢卡·莫德里奇	55	肯尼·达格利什爵士	80	卡卡
6	弗朗茨·贝肯鲍尔	31	詹尼·里维拉	56	雅伊济尼奥	81	帕维尔·内德维德
7	阿尔弗雷多·迪斯蒂法诺	32	塞尔希奥·拉莫斯	57	丹尼斯·劳	82	保罗·布莱特纳
8	罗纳尔多	33	罗伯托·巴乔	58	里瓦尔多	83	奥马尔·西沃里
9	齐内丁·齐达内	34	弗兰克·里杰卡尔德	59	加塔诺·西雷阿	84	安德烈亚·皮尔洛
10	费伦茨·普斯卡什	35	曼努埃尔·诺伊尔	60	詹路易吉·布冯	85	安托万·格列兹曼
11	米歇尔·普拉蒂尼	36	马里奥·扎加洛	61	安德烈亚斯·布雷默	86	埃利亚斯·菲格罗亚
12	马尔科·范巴斯滕	37	罗伯托·卡洛斯	62	罗兹洛·库巴拉	87	蒂埃里·亨利
13	盖德·穆勒	38	桑德尔·柯奇士	63	奥列格·布洛欣	88	加夫列尔·巴蒂斯图塔
14	博比·查尔顿爵士	39	丹尼斯·博格坎普	64	弗朗哥·巴雷西	89	达沃·苏克
15	加林查	40	基利安·姆巴佩	65	苏格拉底	90	内马尔
16	济科	41	凯文·基冈	66	桑德罗·马佐拉	91	皮埃尔·利特巴尔斯基
17	尤西比奥	42	尤尔根·克林斯曼	67	路易斯·菲戈	92	路易斯·苏亚雷斯（乌拉圭）
18	洛塔尔·马特乌斯	43	米歇尔·劳德鲁普	68	迪迪埃·德尚	93	阿尔扬·罗本
19	保罗·马尔蒂尼	44	路易斯·苏亚雷斯（西班牙）	69	安德烈·舍甫琴科	94	罗德里
20	列夫·雅辛	45	雷蒙德·科帕	70	卡里姆·本泽马	95	萨穆埃尔·埃托奥
21	斯坦利·马休斯	46	卡福	71	丹尼尔·帕萨雷拉	96	吉亚琴托·法切蒂
22	卡尔-海因茨·鲁梅尼格	47	乔治·贝斯特	72	法比奥·卡纳瓦罗	97	穆罕默德·萨拉赫
23	哈维·埃尔南德斯	48	贝恩德·舒斯特尔	73	路易吉·里瓦	98	特奥菲洛·库比利亚斯
24	安德雷斯·伊涅斯塔	49	马蒂亚斯·辛德拉尔	74	冈特·内策尔	99	大卫·贝克汉姆
25	路德·古利特	50	罗伯特·莱万多夫斯基	75	马蒂亚斯·萨默尔	100	比利·赖特

《442》百大球星

《442》(Four Four Two)，英国权威足球杂志，杂志名称来源于"442"阵形，是全世界知名度最高的英文足球刊物，以下排名在 2025 年 2 月公布。

排序	姓名	排序	姓名	排序	姓名	排序	姓名
1	利昂内尔·梅西	26	列夫·雅辛	51	里瓦尔多	76	阿兰·希勒
2	贝利	27	蒂埃里·亨利	52	凯文·基冈	77	吉米·格里夫斯
3	迭戈·马拉多纳	28	罗伯托·巴乔	53	雅伊济尼奥	78	乌戈·桑切斯
4	克里斯蒂亚诺·罗纳尔多	29	卢卡·莫德里奇	54	加塔诺·西雷阿	79	赫里斯托·斯托伊奇科夫
5	约翰·克鲁伊夫	30	路德·古利特	55	迪诺·佐夫	80	卡卡
6	罗纳尔多	31	朱塞佩·梅阿查	56	阿尔伯特·斯奇亚菲诺	81	穆罕默德·萨拉赫
7	齐内丁·齐达内	32	苏格拉底	57	弗里茨·瓦尔特	82	兹拉坦·伊布拉西莫维奇
8	弗朗茨·贝肯鲍尔	33	塞尔吉奥·布斯克茨	58	丹尼尔·帕萨雷拉	83	桑德罗·马佐拉
9	阿弗雷多·迪斯蒂法诺	34	雷蒙德·科帕	59	詹尼·里维拉	84	乔治·维阿
10	马科·范巴斯滕	35	博比·穆尔	60	卡尔-海因茨·鲁梅尼格	85	路易斯·菲戈
11	乔治·贝斯特	36	斯坦利·马休斯	61	内马尔	86	普阿兰·西蒙森
12	盖德·穆勒	37	瓦伦蒂诺·马佐拉	62	罗纳德·科曼	87	丹尼斯·博格坎普
13	费伦茨·普斯卡什	38	马蒂亚斯·辛德拉尔	63	贡纳尔·诺达尔	88	凯文·德布劳内
14	米歇尔·普拉蒂尼	39	罗马里奥	64	约翰·内斯肯斯	89	罗伯托·卡洛斯
15	安德雷斯·伊涅斯塔	40	路易斯·苏亚雷斯（西班牙）	65	丹尼斯·劳	90	埃里克·坎通纳
16	尤西比奥	41	帕科·亨托	66	戈登·班克斯	91	吉亚琴托·法切蒂
17	加林查	42	卡洛斯·阿尔贝托	67	何塞·曼努埃尔·莫雷诺	92	桑德尔·柯奇士
18	洛塔尔·马特乌斯	43	米歇尔·劳德鲁普	68	约翰·查尔斯	93	基利安·姆巴佩
19	济科	44	肯尼·达格利什爵士	69	何塞·安德拉德	94	菲利普·拉姆
20	保罗·马尔蒂尼	45	罗伯特·莱万多夫斯基	70	卡福	95	德扎马·桑托斯
21	博比·查尔顿爵士	46	保罗·罗西	71	弗兰克·里杰卡尔德	96	哈维尔·萨内蒂
22	罗纳尔迪尼奥	47	冈特·内策尔	72	弗洛里安·阿尔伯特	97	吉米·约翰斯通
23	哈维·埃尔南德斯	48	詹路易吉·布冯	73	罗伯托·里维利诺	98	特奥菲洛·库比利亚斯
24	曼努埃尔·诺伊尔	49	迪迪	74	朱斯特·方丹	99	马里奥·肯佩斯
25	弗朗哥·巴雷西	50	韦恩·鲁尼	75	约瑟夫·马索普斯特	100	格奥尔基·哈吉

FIFA 100

FIFA 100，是为纪念国际足联成立100周年，在2004年3月4日纪念活动上公布的最伟大的125名球员的名单，名单中所谓的100，是指100周年纪念活动，而非名单人数。该名单由贝利拟定，包括123名男球员和2名女球员。

加夫列尔·巴蒂斯图塔	埃利亚斯·菲格罗亚	朱斯特·方丹	詹皮耶罗·博尼佩尔蒂	尤西比奥
埃尔南·克雷斯波	伊万·萨莫拉诺	蒂埃里·亨利	詹路易吉·布冯	路易斯·菲戈
阿尔弗雷多·迪斯蒂法诺	卡洛斯·巴尔德拉马	雷蒙德·科帕	亚历桑德罗·德尔·皮耶罗	鲁伊·科斯塔
马里奥·肯佩斯	乌戈·桑切斯	让-皮埃尔·帕潘	吉亚琴托·法切蒂	肯尼·达格利什爵士
迭戈·马拉多纳	罗梅里托	罗贝尔·皮雷斯	保罗·马尔蒂尼	埃米利奥·布特拉格诺
丹尼尔·帕萨雷拉	特奥菲洛·库比利亚斯	米歇尔·普拉蒂尼	亚历山德罗·内斯塔	路易斯·恩里克
哈维尔·萨维奥拉	恩索·弗朗切斯科利	利利安·图拉姆	詹尼·里维拉	劳尔·冈萨雷斯·布兰科
奥马尔·西沃里	米歇尔·阿科尔斯（女）	马里乌斯·特雷索尔	保罗·罗西	赫里斯托·斯托伊奇科夫
胡安·塞巴斯蒂安·贝隆	米亚·哈姆（女）	达维德·特雷泽盖	弗朗切斯科·托蒂	达沃·苏克
哈维尔·萨内蒂	扬·瑟勒芒斯	帕特里克·维埃拉	克里斯蒂安·维埃里	约瑟夫·马索普斯特
卡洛斯·阿尔贝托	让-马里·普法夫	齐内丁·齐达内	迪诺·佐夫	帕维尔·内德维德
卡福	弗兰基·范德埃尔斯特	米夏埃尔·巴拉克	丹尼斯·博格坎普	费伦茨·普斯卡什
罗伯托·卡洛斯	布莱恩·劳德鲁普	弗朗茨·贝肯鲍尔	约翰·克鲁伊夫	兹比格涅夫·博涅克
法尔考	米歇尔·劳德鲁普	保罗·布莱特纳	埃德加·戴维斯	格奥尔基·哈吉
莱奥维吉尔多·儒尼奥尔	彼得·舒梅切尔	奥利弗·卡恩	路德·古利特	列纳特·达萨耶夫
贝利	戈登·班克斯	尤尔根·克林斯曼	帕特里克·克鲁伊维特	埃姆雷·贝罗佐格鲁
里瓦尔多	大卫·贝克汉姆	塞普·迈耶	约翰·内斯肯斯	鲁斯图·雷茨贝尔
罗伯托·里维利诺	博比·查尔顿爵士	洛塔尔·马特乌斯	罗布·伦森布林克	安德烈·舍甫琴科
罗马里奥	凯文·基冈	盖德·穆勒	弗兰克·里杰卡尔德	罗杰·米拉
罗纳尔迪尼奥	加里·莱因克尔	卡尔-海茵茨·鲁梅尼格	克拉伦斯·西多夫	阿贝迪·贝利
罗纳尔多	迈克尔·欧文	乌韦·席勒	马尔科·范巴斯滕	乔治·维阿
德扎马·桑托斯	阿兰·希勒	罗伊·基恩	雷内·范德科克霍夫	杰伊-杰伊·奥科查
尼尔顿·桑托斯	埃里克·坎通纳	罗伯托·巴乔	威利·范德科克霍夫	埃尔·哈吉·迪乌夫
苏格拉底	马塞尔·德塞利	弗朗哥·巴雷西	鲁德·范尼斯特鲁伊	中田英寿
济科	迪迪埃·德尚	朱塞佩·贝尔戈米	乔治·贝斯特	洪明甫

Deepseek 百大球星

该书编辑团队提出问题（综合考量球员的历史地位、个人荣誉、团队成就、影响力以及时代背景等因素），由 Deepseek 给出百大球星榜单。以下是截至 2025 年 5 月的排名，榜单兼顾不同时代、位置和足球文化。

排序	姓名	排序	姓名	排序	姓名	排序	姓名
1	利昂内尔·梅西	26	列夫·雅辛	51	利利安·图拉姆	76	史蒂文·杰拉德
2	贝利	27	路易斯·苏亚雷斯（西班牙）	52	帕特里克·维埃拉	77	弗兰克·兰帕德
3	迭戈·马拉多纳	28	詹路易吉·布冯	53	路易斯·菲戈	78	约翰·特里
4	约翰·克鲁伊夫	29	罗马里奥	54	格奥尔基·哈吉	79	奥利弗·卡恩
5	克里斯蒂亚诺·罗纳尔多	30	济科	55	达沃·苏克	80	埃米利奥·布特拉格诺
6	阿尔弗雷多·迪斯蒂法诺	31	卡卡	56	迪迪埃·德罗巴	81	赫里斯托·斯托伊奇科夫
7	弗朗茨·贝肯鲍尔	32	路德·古利特	57	肯尼·达格利什爵士	82	贝贝托
8	齐内丁·齐达内	33	里瓦尔多	58	迪诺·佐夫	83	里卡多·萨莫拉
9	罗纳尔多	34	卢卡·莫德里奇	59	雷蒙德·科帕	84	朱斯特·方丹
10	费伦茨·普斯卡什	35	罗伯特·莱万多夫斯基	60	马里奥·肯佩斯	85	罗兹洛·库巴拉
11	盖德·穆勒	36	罗伯特·巴乔	61	弗朗切斯科·托蒂	86	保罗·罗西
12	保罗·马尔蒂尼	37	内马尔	62	安德烈亚·皮尔洛	87	奥马尔·西沃里
13	米歇尔·普拉蒂尼	38	基利安·姆巴佩	63	约翰·内斯肯斯	88	尤尔根·克林斯曼
14	加林查	39	罗纳尔迪尼奥	64	弗兰克·里杰卡尔德	89	加里·莱因克尔
15	马尔科·范巴斯滕	40	卡福	65	丹尼斯·博格坎普	90	加夫列尔·巴蒂斯图塔
16	尤西比奥	41	塞尔希奥·拉莫斯	66	伊万·萨莫拉诺	91	亚历桑德罗·德尔·皮耶罗
17	博比·查尔顿爵士	42	米洛斯拉夫·克洛泽	67	罗杰·米拉	92	菲利波·因扎吉
18	哈维·埃尔南德斯	43	兹拉坦·伊布拉西莫维奇	68	乔治·维阿	93	克劳迪奥·卡尼吉亚
19	曼努埃尔·诺伊尔	44	罗伯托·卡洛斯	69	杰伊-杰伊·奥科查	94	费南多·雷东多
20	蒂埃里·亨利	45	劳尔·冈萨雷斯·布兰科	70	中田英寿	95	胡安·罗曼·里克尔梅
21	安德雷斯·伊涅斯塔	46	瑞恩·吉格斯	71	孙兴慜	96	哈维尔·萨维奥拉
22	卡尔-海因茨·鲁梅尼格	47	安德烈·舍甫琴科	72	达尼·阿尔维斯	97	朴智星
23	洛塔尔·马特乌斯	48	埃里克·坎通纳	73	大卫·比利亚	98	阿里·代伊
24	弗朗哥·巴雷西	49	法比奥·卡纳瓦罗	74	韦斯利·斯内德	99	帕特里克·克鲁伊维特
25	乔治·贝斯特	50	哈维尔·萨内蒂	75	罗伊·基恩	100	马克·奥维马斯